［九州アーカイブズ］B　2016.11.1～4：アクロス福岡 展示会記録集

あれから七十年

発刊のことば

昨年は引揚が集中的に行われた昭和二十一年（一九四六）から七十年目に当たる年でした。この間、引揚体験者は次々と旅立ち、当時の状況を語り継ぐ人は残りわずかとなりました。

この一年を振り返るとき、戦争のない平和な世界を念願する私たちの気持ちは、かなえられるどころか世界は混迷の中に漂い、展望が見いだせない状況に陥っているようにさえ見えます。

昨年、私たちは七十年を機に改めて引揚の歴史を少しでも多くの人に知ってもらい、平和の尊さや戦争の悲惨さを考えていただきたいと、非力を顧みず、展示会「あれから七十年―博多港引揚を考える」を開催し、四日間で一一三〇名の来場者を迎えることができました。これには約八十枚のパネルを作成していただいた高杉志緒氏のご尽力や遠藤薫氏の積極的なご協力をいただいたおかげです。この場を借りて厚くお礼申し上げます。

この展示会に取り組む中で最もうれしかったのは、若い人たちの中で引揚に関心を持つ人たちが生まれているのを知ったことです。一つ目は、筑紫野市立二日市中学校の平和集会で上演された創作劇「帰路」です。「満洲」からの引揚者の姿を正面からとらえての熱演でした。学習に裏付けられた取り組みが伝わり、胸が熱くなりました。

二つ目は福岡市立野間中学校の校区の歴史を映像で記録する放送部の活動で、引揚体験者へのインタビューを通して引揚の歴史の重要性に気づき、自ら継承者としての自覚を持つに至ったことに強い感銘を受けました。生徒さんのギャラリートークを聞きながら、涙をこらえきれない人も見られました。

三つ目は九州大学の「アジア太平洋カレッジ」で日韓の大学生が、合宿をしながら学び合い国際人として育つための人材を育てるプログラムがありますが、その中で昨年は「博多港引揚」をテーマに取り上げ、福岡市の常設展示場「引揚港・博多」を見学し、引揚体験者から話を聴きました。学生さんたちは初めて「引揚」に接し強い関心を示していました。

この記録集を手にしていただき、平和のありがたさを感じていただければこれに勝る喜びはありません。

引揚げ港・博多を考える集い 事務局
堀田広治

［凡例］

＊文章・資料解説などの本文中、敬称は全て省略した。

＊記載事項の一部に、今日の視点では人権や民族問題上、不適当な表現が含まれるが、当時と現在では見解が大幅に違うという歴史的事実をそのまま紹介することが重要と判断し、記述・掲載した。

＊編纂は「引揚げ港・博多を考える集い」が行った。
事務局　堀田広治
世話人　熊谷佳子、高橋恵美子、松崎直子、山本千恵子、倉地弘子、江上邦一、盛多芳子、田中仁美

＊本文は、文責として執筆者の名前を各々掲載した。

＊監修は、高杉志緒（下関短期大学准教授）が行った。

＊写真のレイアウト編集は遠藤薫が行った。

［謝辞］（五十音順、敬称略）
本書の資料・写真・図表等の掲載にあたり、御協力を頂きました方々に記して深く謝意を表します。
反頭尚平、デビット キャリシャー、野間中学校、濱口昌巳、福岡県済生会二日市病院、福岡市保健福祉局、二日市中学校、三宅一美（故人）、三宅スミヱ（故人）、三宅 隆

［参考引用文献］

・博多港引揚援護局『博多引揚援護局史』昭和二十二年（一九四七）
・引揚援護廳『引揚援護の記録』昭和二十五年（一九五〇）
・厚生省『引揚げと援護三十年の歩み』昭和五十二年（一九七七）
・引揚げ港・博多を考える集い『戦後五十年 引揚げを憶う』平成七年（一九九五）
・福岡市保健福祉局『引揚資料展』平成十一年（一九九九）
・木村秀明『米軍が写した終戦直後の福岡県』引揚港・博多を考える集い　平成十一年（一九九九）
・引揚げ港・博多を考える集い『博多港引揚』図書出版のぶ工房　平成二十三年（二〇一一）

あれから七十年

［九州アーカイブス］B

◎目次

◆写真上／釜山港の出航と見送りの人々
◆写真右／引揚船の窓から日本本土を想う
［昭和20年／三宅一美撮影］

1-1 海外から博多港へ

文責◆下関短期大学 准教授
高杉志緒

昭和二十年（一九四五）八月十五日、第二次世界大戦が終わった時、約六六〇万人の日本人が海外にいました。その内訳は、戦争にたずさわった軍人・軍属が約三三〇万人、一般の人々が約三三〇万人とされています。その後、約一年半、昭和二十一年（一九四六）度末までに約五〇〇万人（約七六％）の日本人が戻ってきましたが、博多港には一三九万人の日本人が上陸しました。また、同時期に博多港は、海外に戻る朝鮮半島や中国等の人々、約五〇万人が出発しました。つまり、博多港は七十年前、一九〇万人が戦後の第一歩を踏み出した国際的な玄関口としての役割を果たしたことを忘れてはならないでしょう。この章では展示写真に加えて往時をしのぶ写真も追加掲載しました。

展示概要

「Ⅰ章　はじめに―海外で暮らした日本人たち」
「Ⅱ章　七十一年前の福岡県―終戦から引揚へ」
（引揚前後の写真）
「Ⅲ章　引揚・復員―海外から博多港へ」
「Ⅳ章　送出―博多港から海外へ」
「Ⅴ章　引揚援護―命がけの引揚」
「Ⅵ章　あれから七十年―博多港引揚を考える」

以上、六つの面から七十年前の博多港での出来事を中心に紹介し、未来へと続く道のりを考えたいと思います。

◆復員者を乗せた白埼、博多港入港
白埼は戦時中、日本海軍の給糧艦（冷凍糧食や生鮮品の運搬船）として活動した後、復員輸送を行った。［昭和20年10月18日撮影、米国立公文書館資料、引揚げ港・博多を考える集い監修『博多港引揚』より転載］

◆釜山港出航の母子［昭和21年／三宅一美撮影］

I はじめに◎海外で暮らした日本人たち

◆「満洲国」国務院　昭和 7（1932）年、日本の「傀儡政権」として建国された「満洲国」首都、「新京」（現長春）の政府最高機関。
［昭和戦前期の絵葉書／個人蔵］

◆「奉天」（現瀋陽）の春日通りを行進する「京城帝国大学」学生　朝鮮半島の「京城帝国大学」（現ソウル大学校）学生は、「満洲医科大学」と競技大会の折、応援団旗を持ち「奉天」（現瀋陽）市内を行進した。戦後、「京城帝大」の学生は博多港引揚の援護に尽力した。
［昭和10〜15年頃撮影、引揚げ港・博多を考える集い監修『博多港引揚』より転載］

日本の海外侵出

日本は明治時代（一九六八〜一九一二年）以降、国際的な戦争を行ってきました。日清戦争に明治二十七年（一八九四）、日露戦争に明治三十七年（一九〇四）、第一次世界大戦（シベリア出兵）に大正三年（一九一四）参加しました。そして海外に「台湾総督府」を明治二十八年（一八九五）、「朝鮮総督府」を明治四十三年（一九一〇）に統治官庁を置き、明治三十九年（一九〇六）には「南満洲鉄道株式会社（満鉄）」を設立しました。

昭和に入ると日本は、中国大陸に「傀儡政権」（実質的には、他国の意思に従い統治を行う政府）である「満洲国」を昭和七年（一九三二）に建国し、「二十ヵ年百万戸送出計画）」という大規模な日本人（特に農業従事者）の海外移住を国策として進めました。

各地の民族運動による抵抗にも関わらず、侵出を続けたため戦争が続き昭和十二年（一九三七）に日中戦争、昭和十六年（一九四一）には第二次世界大戦の参戦と、戦地は中国大陸・東南アジア・太平洋へと拡大しました。こうして、大勢の日本人が海外で生活することとなったのです。

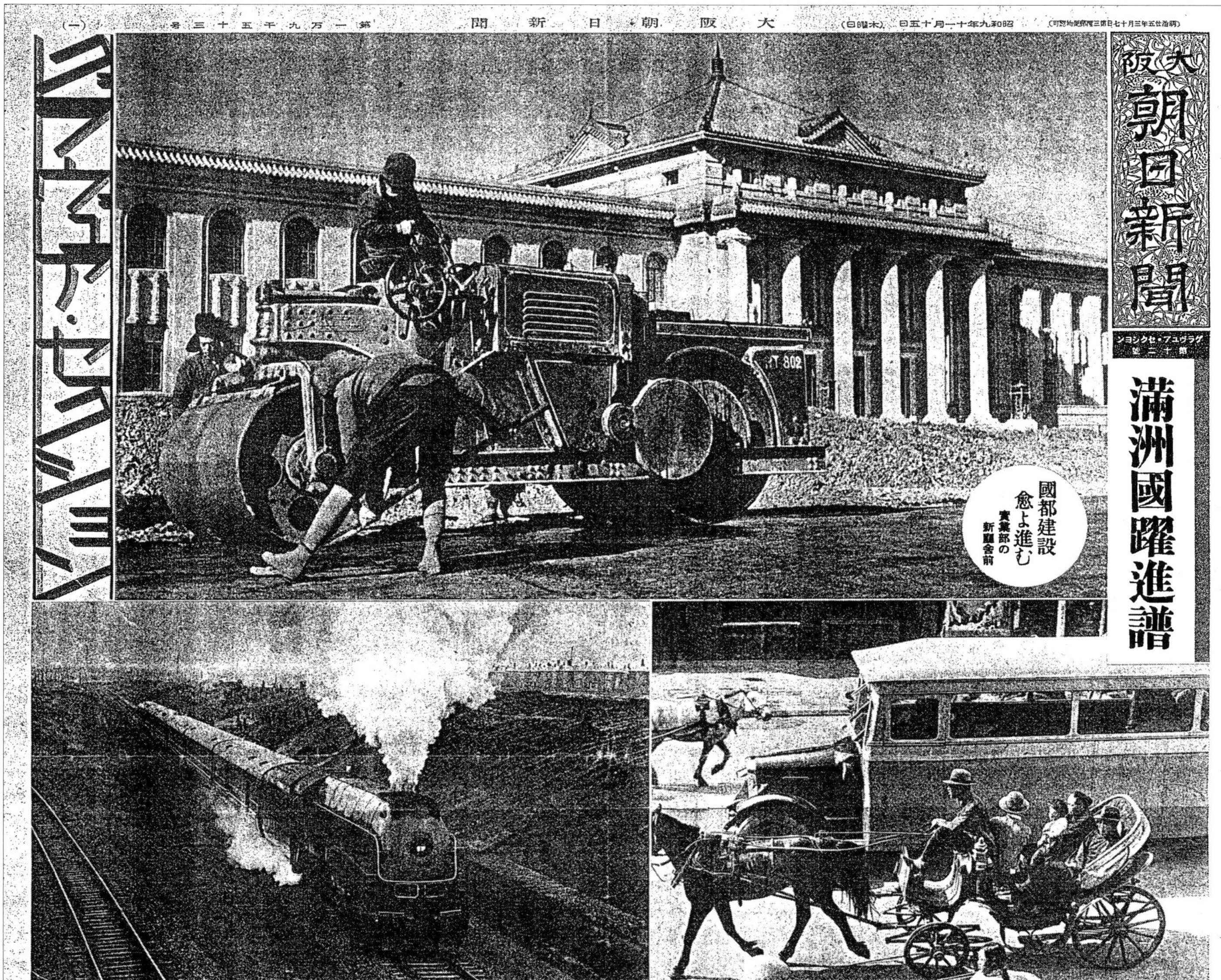

◆**大阪朝日新聞「滿洲國躍進譜」（複写）**昭和９年（1934）12月１日から「滿洲国」における地方自治改革として「奉天」「吉林」「濱江」「龍江」「錦州」「安東」「熱河」「三江」「間島」「黒河」という十省による地方自治省が実施されることを新聞で知らせている。
［昭和９年11月15日発行、朝日新聞コンテンツ事業部協力、個人蔵］

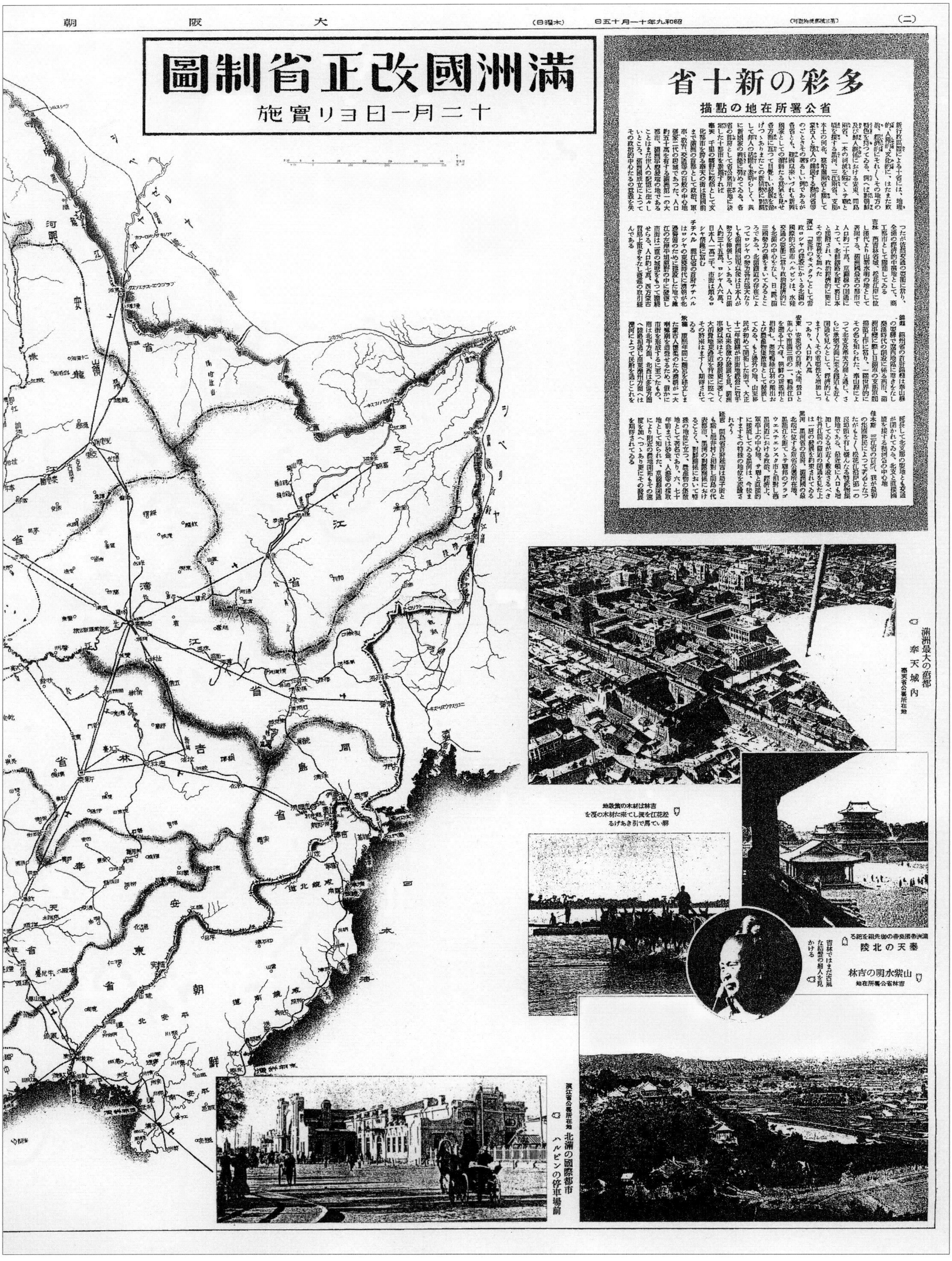

◆大阪朝日新聞「満洲國改正省制圖」（複写） 昭和９（1934）年12月１日の「満洲国」における地方自治改革を反映した地図。周囲に「奉天」（現瀋陽）、「ハルビン」（哈爾濱）、「チチハル」（斉斉哈爾）、「黒河」、「延吉」など各地の写真を掲載して報じている。
（昭和９年11月15日発行、朝日新聞コンテンツ事業部協力、個人蔵）

古塔で有名な錦縣
錦州省公署所在地

チチハルの龍沙公園
龍江省公署所在地

安東の市街
安東省公署所在地

錦大桃寺の巨像
錦縣の古塔下にあるこのお寺には見事な彫像とグロテスクな巨像がある

美しい古建築の多い
風光明媚の承徳
熱河省公署所在地

松花江岸の新都佳木斯
三江省公署所在地

承徳のラマ寺
普化班(行宮の橋上り)

北辺の要衝黒河
シベリアに接する黒河省公署所在地

北鮮よりの入口
延吉(局子街)
間島省公署所在地

清鮮國境
圖們江の國境鐵橋
向ふの町は北鮮の南陽

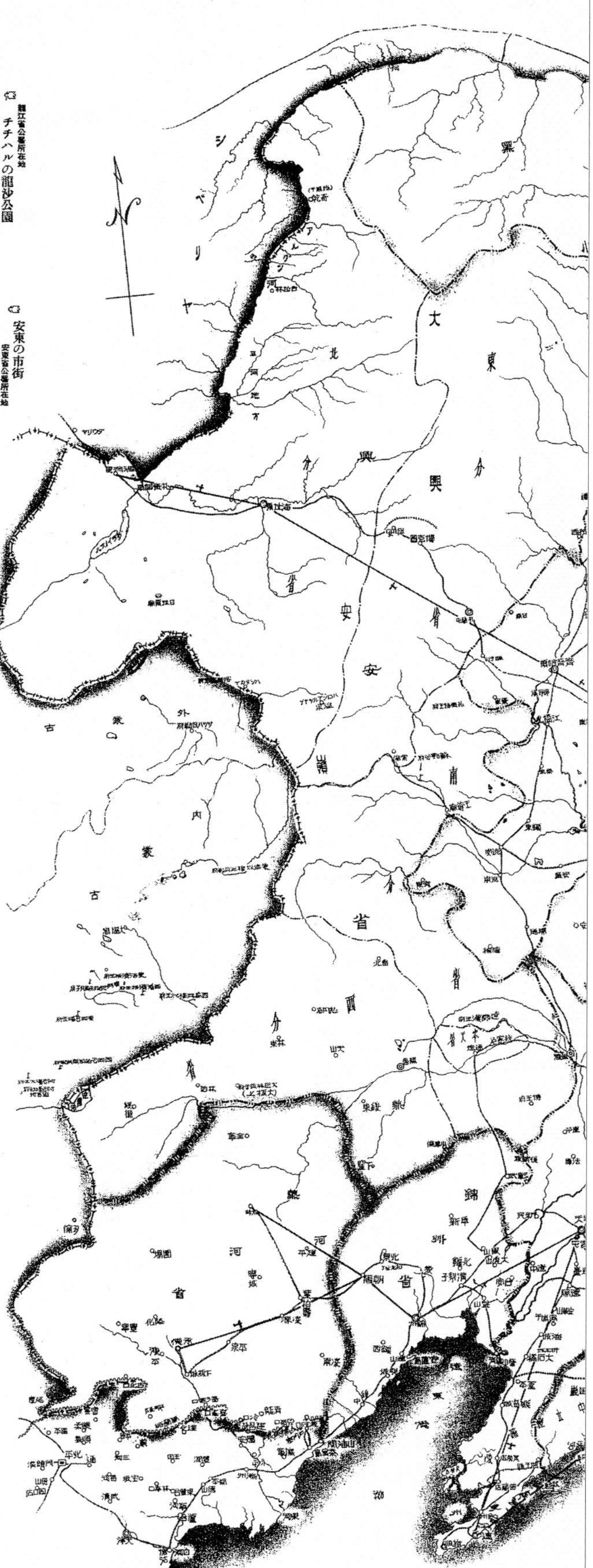

◎満洲

新京

Hsinking

◆「新京」司法部　「四隣を圧し厳然と建つ司法部の威容」とある。［昭和戦前期の絵葉書／個人蔵］

◆麗はしき国都の都大路、大同大街の偉観
左の建物に三中井百貨店（現在の長春百貨店）
右は康徳会館。［昭和戦前期の絵葉書／個人蔵］

「新京」（現長春）の風景

昭和七年（一九三二）三月、長春にて建国式典、愛新覚羅溥儀の執政就任式が行われ、「満洲国」国都として長春は「新京特別市」となりました。以降、大規模な建設事業が行われ、昭和六年（一九三一）には約十～十三万人とされた人口が、昭和十九年（一九四四）には約八十六万人に激増し、大都市となったのです。

第二次世界大戦後、三中井百貨店には「満洲棄民」となった日本人居留民のための「東北地方日本人居留民会救済総会」が昭和二十年（一九四五）十月に置かれました。

◆大連ノ埠頭玄関　客船が発着する第二埠頭。大連港は、ロシアが企画し、「満鉄」の工事によって完成した。［写真上／昭和戦前期の絵葉書／個人蔵］
［写真左は大連埠頭内の待合室／昭和10年の絵葉書／個人蔵］

◎満洲

大連

Dalian

大連の風景

日露戦争後の明治三十八年（一九〇五）、ポーツマス条約による租借権が譲渡されて以降、日本は貿易都市として、港湾施設・駅・街並みの整備を行いました。

◆大連ノ常盤橋通り　連鎖街から常盤橋方面を望む光景　向かって左手前の建物は昭和10年（1935）に建設された三越百貨店。路上には、明治４年（1909）に開業した路面電車の線路、右の勝利広場側には「サッポロビール」「カルピス」「味の素」などの看板がみえる。［昭和戦前期の絵葉書／個人蔵］

WAITING-HOUSE, DAIREN PIER.

歐亞の關門大連埠頭船客待合所

•昭和十年六月一日　旅順要塞司令部許可濟•

大連ノ中心大廣場ノ偉觀

VIEW OF THE CENTRAL SGUARE IN DAIREN LITY.

◆大連ノ中心大広場ノ偉観　現在の中山広場は、日本統治時代「大広場」と呼ばれていた。写真右側の建物は、外国為替管理銀行として機能した横浜正金銀行の大連支店（1909年竣工）、左は郵政事業を司った「関東逓信局」の庁舎（1917年竣工）。
［昭和戦前期の絵葉書／個人蔵］

◎満洲
奉天

Fengtian

「奉天」（現瀋陽）の風景

「奉天」は、清朝皇帝の陵墓があるだけでなく、昭和六年（一九三一）九月十八日の「満洲事変」（柳条溝事件）勃発の地としても知られています。事変後「奉天市」は、「鉄西区」が工業地区、南部・北陵地区が住宅地として発展しました。

◆**市民が誇る清麗なる大広場の景観** 向かって右「奉天警察署」、左「ヤマトホテル」。[昭和戦前期の絵葉書/個人蔵]

◎満洲

葫《コ》蘆《ロ》島

Huludao

「満洲」
葫蘆島港から博多港へ

「満洲」は、第二次世界大戦後「ソビエト連邦軍」の管理地域となりましたが、日本人の引揚に何ら対処しない状態で、昭和二十一年（一九四六）四月、「満洲」から撤退しました。

翌月五月十一日、中国東北保安司令官とアメリカ軍によって「在満日本人の送還に関する協定」が成立し、中国国府軍は瀋陽（奉天）に「日僑俘《にっきょうふ》管理処」、葫蘆《コロ》島に港口指令官を置き、日本側も瀋陽に「日僑前後連絡総処」を設置して連携を図り、ようやく日本人の引揚が組織的に行われることになりました。

博多港に上陸した引揚者総数は一三九万人とされますが、その内、「満洲」からの出発者数は約五八万人（四二％）で、朝鮮半島からの約四五万人（約三三％）を上回っています。「満洲」から来た引揚者は、葫蘆島港から出航しました。『博多港引揚援護局史』（昭和二十二年刊、以降のページでは『局史』と略記）をひもとくと、葫蘆島港出発の第一陣は、（昭和二十一年）「五月十五日（博多港）上陸の雲仙丸」であり、同月中の葫蘆島からの引揚者について「大体に於て女子供が多く、青壮年の男子は少い。青壮年の男子はソ連に連行されたり、留用者として現地に残ってゐるものが多いためである（中略）之等引揚者は、全く着のみ着のまま、荷物もせいぜい一人一個位の程度で、所持金も一人平均七百円を出でず、絶えざる圧迫と苦悶を物語ってゐた」と記しています。

◆葫蘆島港［昭和戦前期の絵葉書／個人蔵］

◆**朝鮮総督府**［昭和戦前期の絵葉書／個人蔵］

◎**朝鮮半島**

京城

Kyongsong

「京城」（現ソウル）の風景

日本は、日清戦争後に勝利した結果、明治二十八年（一八九五）、当時の首相、伊藤博文が全権として交渉にあたり、日清講和条約（下関条約）を締結しました。条約の内容に〈清国における朝鮮の独立を承認すること。遼東半島・台湾・澎湖諸島の日本への割譲〉が含まれる事が知られています。その後、明治三十八年（一九〇五）、第二次日韓協約に基づき「韓国統監府」が設置されると伊藤は初代統監に就任。伊藤は日本の「韓国併合論」に懐疑的でしたが、明治四十二年（一九〇九）、伊藤の統監辞任・暗殺の翌年八月、「韓国併合ニ関スル条約」（日韓併合条約）が結ばれました。こうして日本は、明治四十三年（一九一〇）～昭和二十年（一九四五）の終戦まで、韓国の統治にあたりました。

「京城」（現ソウル）は、併合の翌月、「漢城」から変更して誕生した名称です。

「京城」には、中央省庁である「朝鮮総督府」が置かれ、庁舎は京畿道京城府（現在のソウル特別市）の景福宮敷地内に設置されました（写真右）。

現ソウル市内にある赤レンガの「京城駅」（写真下、一九二五年竣工、二〇一一年「文化駅ソウル二八四」）、鉄筋コンクリート建の「京城府庁舎」（一九二六年竣工、旧ソウル市庁舎、二〇一二年「ソウル図書館」）、「京城府民館」（一九三五年竣工、旧国会議事堂、一九九一年「ソウル特別市議会議事堂」）といった今日も活躍する近代建築群は日本の統治時代に誕生しました。インフラ整備は朝鮮半島全土に及び、治水・水力発電のための「華川ダム」（江原道、一九四五年完成）などの大規模事業も進み、近代国家としての基礎が作られたのです。

◆京城駅［昭和戦前期の絵葉書／個人蔵］

◆**平壌市街**　路面電車の複線化を進める光景。日本統治時代、各地でインフラ整備が進められた。［昭和戦前期の絵葉書／個人蔵］

◎**朝鮮半島**

平壌 Pyongyang

朝鮮半島北部「平壌」の風景

平壌は、現在の「朝鮮民主主義人民共和国」（いわゆる「北朝鮮」）における首都がある都市として知られ、市の中心には大同江が流れています。李氏朝鮮時代（一三九二〜一九一〇年）、平壌は平安道の「首邑」（首村）として朝鮮半島北部の政治・経済の中心を担い続けました。明治四十三年（一九一〇）、日本統治開始後、平壌郡は平壌府となり、平安南道の道庁が置かれました。

◆詩情的風趣の牡丹台と乙密台　牡丹台と乙密台大同江西岸の光景。河沿いに仏教寺院「永明寺」（ヨンミョンサ）の伽藍や、軍事指揮台として機能した「乙密台」（ウルミンデ）が頂上にみえる。［昭和戦前期の絵葉書／個人蔵］

◎朝鮮半島

釜山

Busan

朝鮮半島南部「釜山」の風景

朝鮮半島の南東に位置する釜山は、対馬海峡（大韓海峡）を臨む港湾都市としての役割を担ってきました。李王朝時代（一三九二〜一九一〇）には、日本人の居住も認められ、日韓交易の中心地として繁栄し続けました。近代に入ってからも発展は続き、明治三十八年（一九〇五）、朝鮮半島の二大都市である「京城」（現ソウル）と釜山を結ぶ鉄道「京釜線」が開通して釜山駅が開業し、主要幹線の起点となりました。

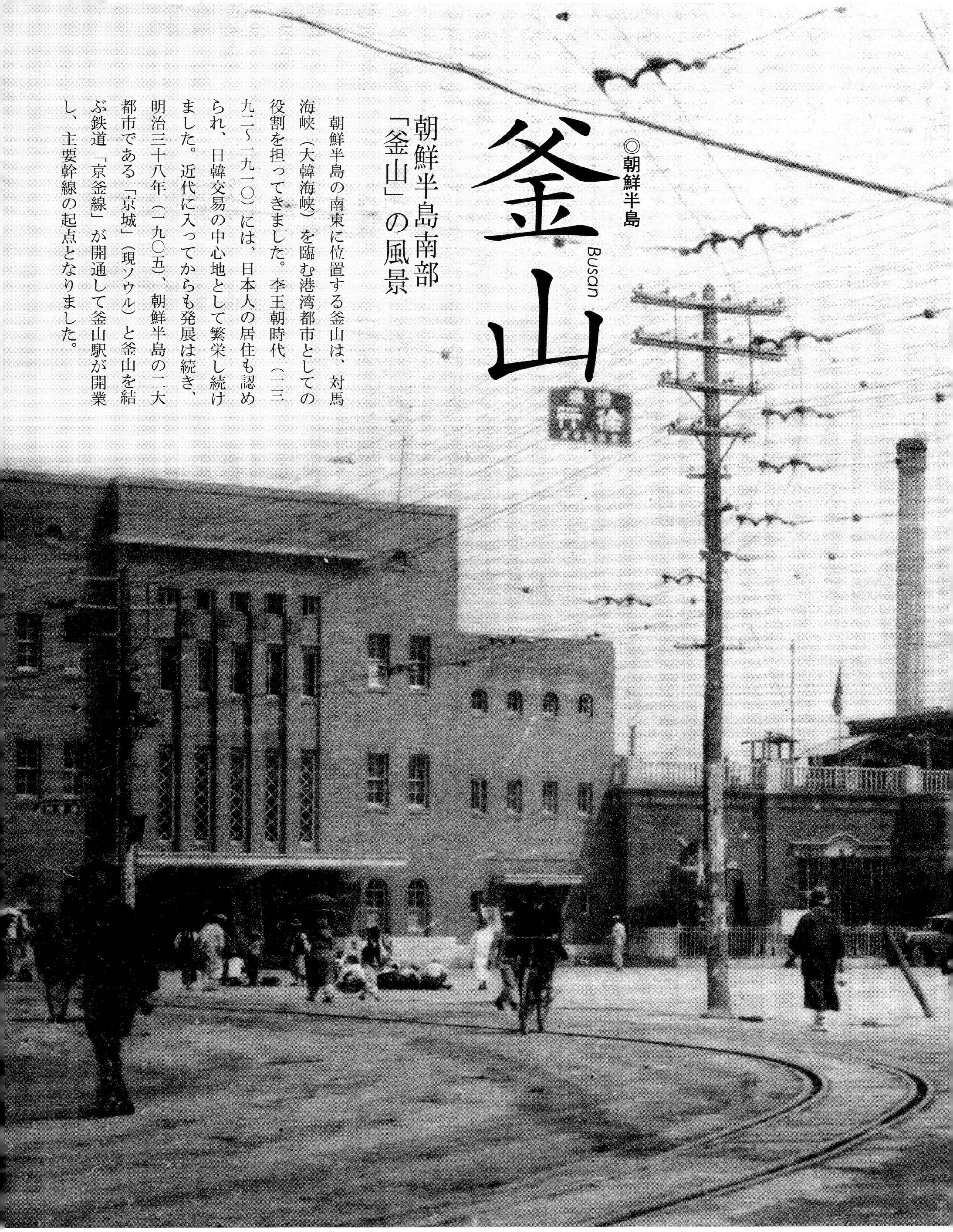

◆釜山駅（右）と公会堂（左）［昭和戦前期の絵葉書／個人蔵］

1-2 釜山港からの出発

博多港には、朝鮮半島からの復員者・引揚者、合計約四五万人が上陸しました。

戦後、食物をはじめ物資不足の中、写真のフィルムは大変貴重でしたが、「釜山日本人世話会」で引揚者の援護を行っていた三宅一美氏（一九一五年生〜二〇〇九年没）は、当時の釜山港の様子を撮影しました。

三宅氏は、「京城」（現ソウル）に生まれ、戦前は「朝鮮電業」に勤務した引揚体験者ですが、釜山港に到着後、今度は引揚邦人の帰国を手伝う団体「釜山日本人世話会」に自ら進んで一員となりました。

三宅氏は、引揚の事実を後世に伝えるため、個人的に写真撮影を行ったのです。

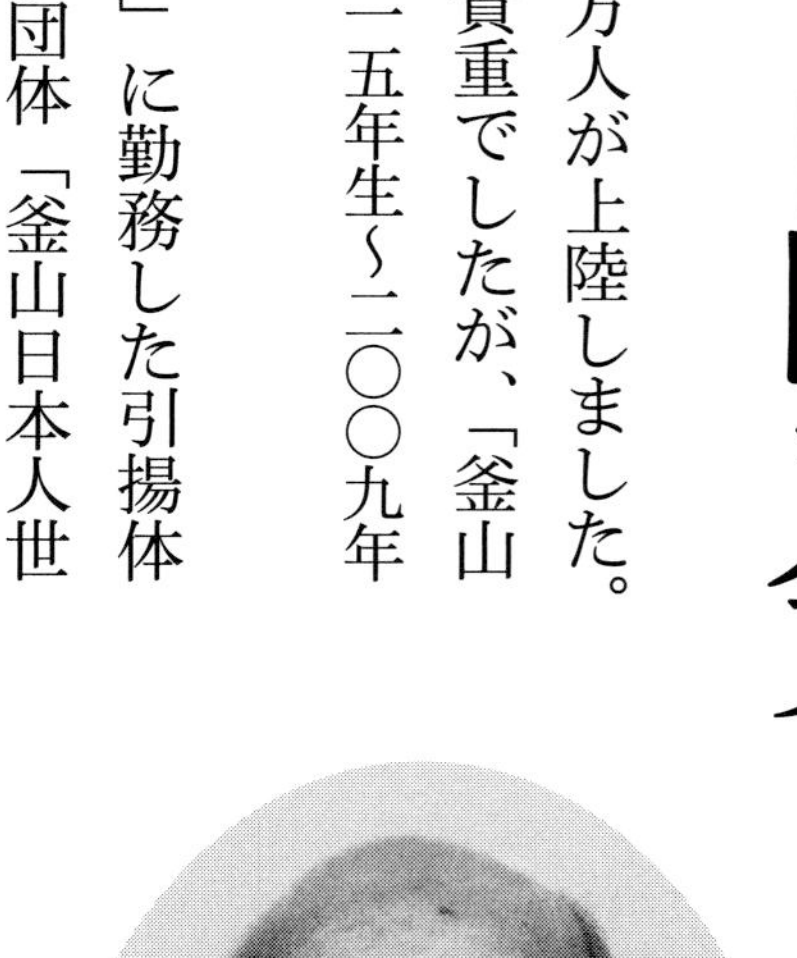

［平成21年9月／撮影：高杉志緒］

撮影◆元釜山日本人世話会職員

三宅一美

◆朝鮮半島北部からの引揚者、引揚船に乗船する人々、釜山港から出発する
「ただひたすら南へ向かって歩いた　間道を抜け　山道を進み　河を越えた　38度線を突破しおえたときは皆で抱き合って鳴いた　この子もよく耐えた　足どりも確かだ　21年夏釜山にて」［昭和21年夏／撮影・文：三宅一美］

◆朝鮮半島南部からの引揚者　到着列車を降りて、釜山港まで警備兵の誘導で進む。［昭和21年１月／撮影：三宅一美］

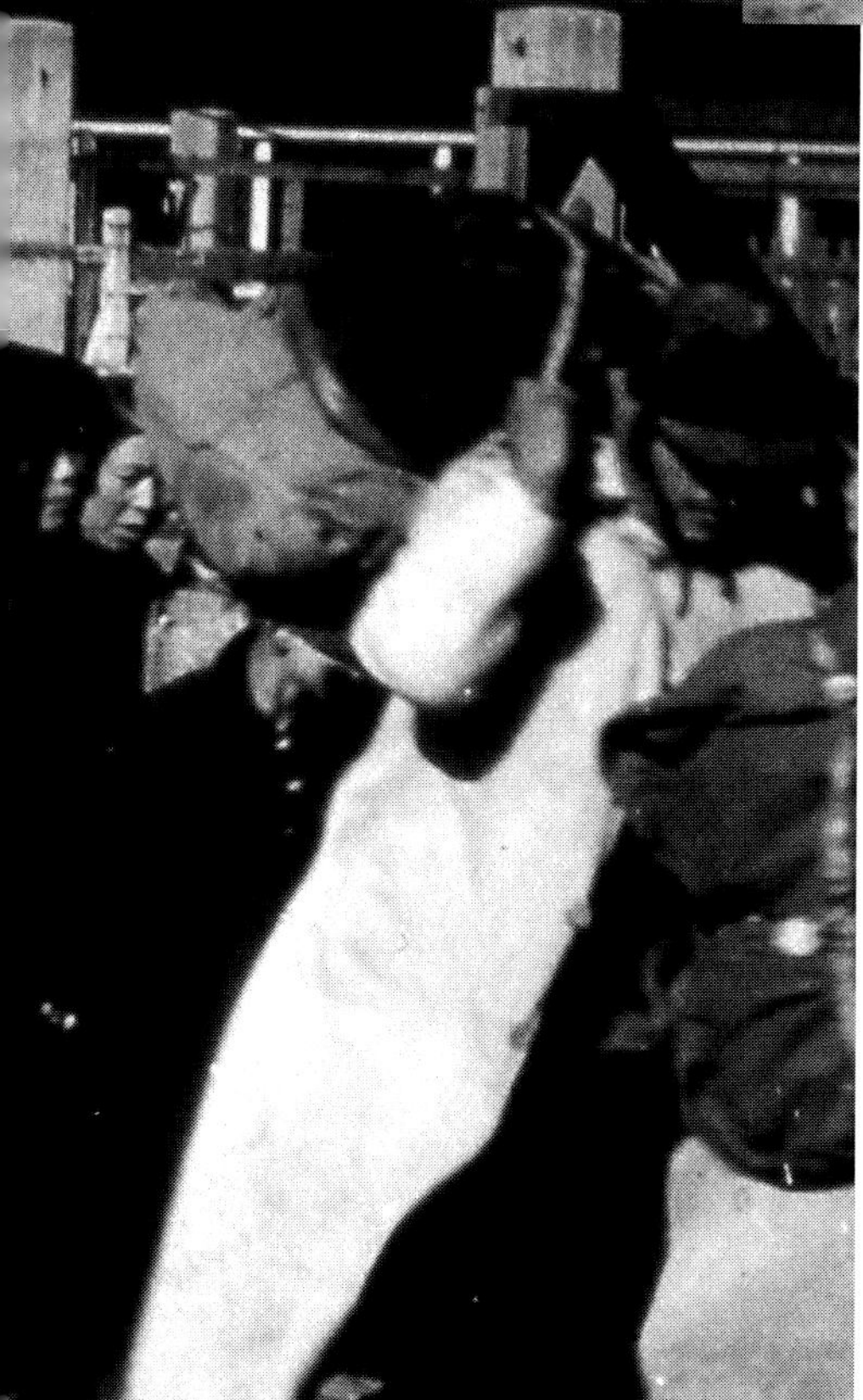

◆釜山港へ　線路の脇を通って桟橋へ。［昭和21年１月／撮影：三宅一美］

◆朝鮮半島南部からの引揚者　寒さの中、全財産を背負って移動する人々。布団を担いだ人、両手に荷物を持つ子ども、持てる物は全て持って桟橋に向かう。［昭和21年１月／撮影：三宅一美］

◆**救援物資の配布**　乗船直前に、白足袋が配られた。笑顔で受け取る子どもの姿がみえる。［写真上／昭和21年夏／撮影：三宅一美］

◆**乗船**　炎天下、銃を持った連合国軍に監視されながら、行列は少しずつ進む。［写真右／昭和21年夏／撮影：三宅一美］

◆朝鮮半島北部からの引揚者　38度線を命がけで越えて来た人々。多くの人が裸足でタラップをのぼる姿に、援護の白足袋が配られた理由が垣間見える。［昭和21年８月／撮影：三宅一美］

◆**乗船**　それぞれの思いを胸にタラップを踏みしめる引揚者。［撮影：三宅一美］

◆**朝鮮半島北部からの引揚者**　乗船後、引揚船の甲板を移動する人々。［昭和21年８月／撮影：三宅一美］

◆釜山港桟橋で「釜山日本人世話会」の職員をはじめ多くの人々が笑顔で引揚者を見送った。〔撮影：三宅一美〕

◆釜山港桟橋で　デッキに出て見送りに応える引揚者。〔写真右／撮影：三宅一美〕

◆**第六代会長 森田国政** 朝鮮半島で結婚した女性の帰国相談を受ける当時の釜山日本人世話会会長・森田国政。［昭和23年春／撮影：三宅一美］

◆**釜山日本人世話会** 後列中央に立つのが三宅一美氏。［昭和21年８月／提供：三宅一美］

◆釜山日本人世話会職員集合写真　前列左から三人目に第四代会長の鏡一以、四人目が丸山兵一。［昭和21年８月／撮影：三宅一美］

◆釜山日本人世話会事務所前の集合写真　中央に孫永寿・慶尚南道厚生課長。［撮影：三宅一美］

◆**釜山市内の患者収容所**　北緯38度線を越えて来た人々。女性や子どもが大半であった。
［昭和21年９月／撮影：三宅一美、引揚げ港・博多を考える集い監修『博多港引揚』より転載］

◆**釜山で行われた「日本人慰霊祭」**釜山市内の寺に残されていた日本人遺骨を分骨して谷町の山に埋葬し、昭和21（1946）年７月23日、現地で慰霊祭を行った。分骨した遺骨は同年10月、鏡一以氏（釜山日本人世話会会長）が日本引揚の際に名簿と共に持ち帰り、福岡市の聖福寺に安置した。［昭和21年９月／撮影：三宅一美、引揚げ港・博多を考える集い監修『博多港引揚』より転載

◆**「釜山日本人世話会」のトラックによる患者輸送**　北緯三十八度線を越えて、命がけで朝鮮半島南部の釜山港にたどり着いた人々。移動の途中、栄養失調症や感染症にかかってなくなる者も多かった。［昭和21年９月／撮影：三宅一美、引揚げ港・博多を考える集い監修『博多港引揚』より転載］

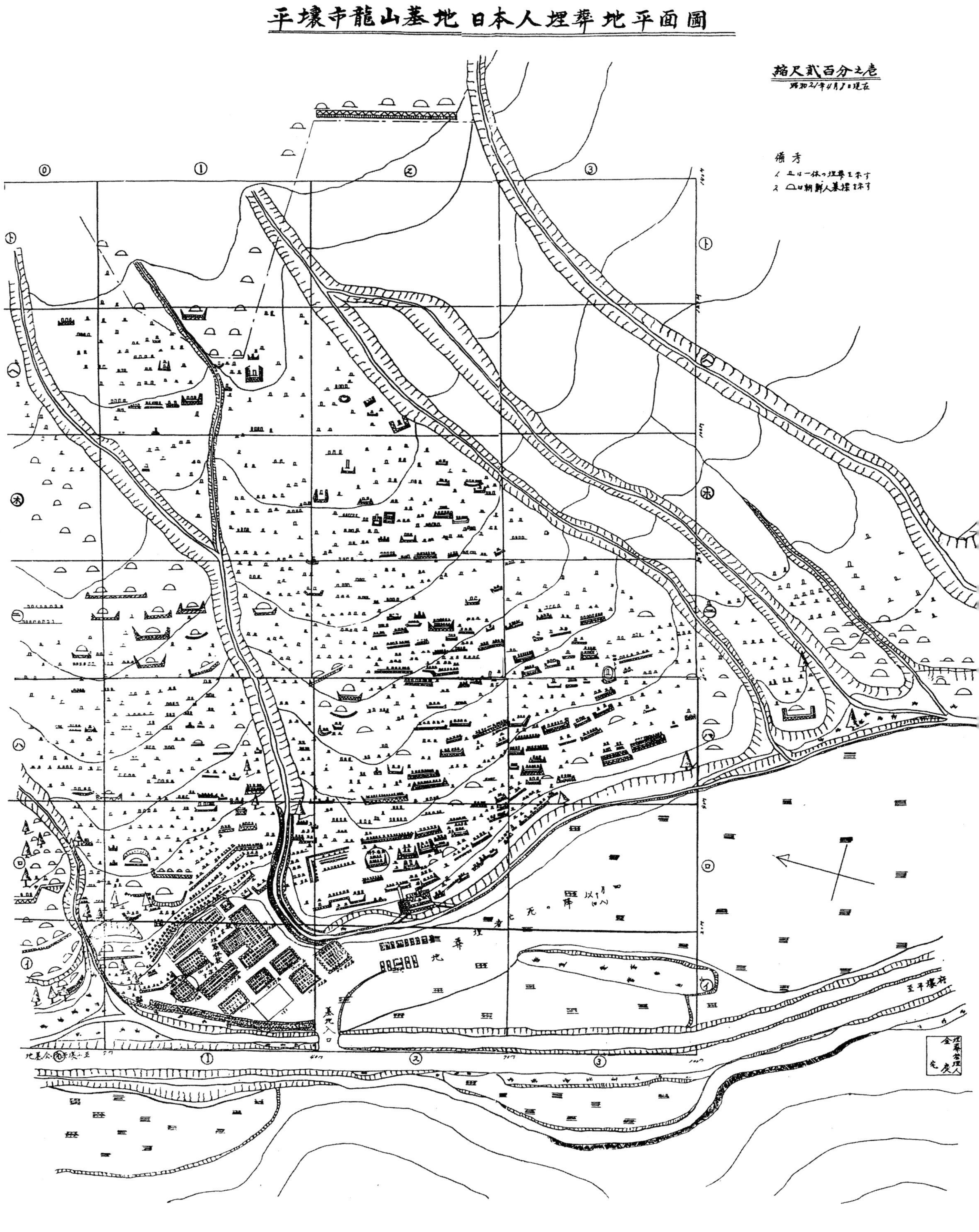

◆平壌市龍山墓地日本人埋葬地平面図（複製）昭和21（1946）年４月、「平壌日本人会」と「大馳嶺避難民団」（松木福次団長）が作成。朝鮮半島北部の平壌市（現ピョンヤン）の埋葬邦人の場所を記した地図。埋葬者2421名の大半は「満洲」からの引揚途中で亡くなった。

［三宅スミヱ氏提供、引揚げ港・博多を考える集い監修『博多港引揚』より転載

1-3

終戦から引揚へ

文責◆下関短期大学 准教授

高杉志緒

海外からの引揚者が初めて踏んだ日本の土地・博多は、一面の焼け野原でした。海外から博多港への引揚・復員、また博多港からの朝鮮半島や中国大陸など海外への送出、引揚援護活動、そして「あれから七十年」博多港引揚を考えます。

II 引揚前後の写真

◎戦災

福博 Fukuoka Hakata

福岡市の戦災

福岡市では、第二次世界大戦が終わる約二ヵ月前の昭和二十年（一九四五）六月十九日夜、福岡市は大きな空襲（連合国軍の飛行機による爆弾投下などによる地上攻撃）にみまわれました。そのため、福岡市の天神・博多地区を含む市街地は大きな被害にあい、多くの人々が亡くなりました。

◆松屋デパート［昭和戦前期の絵葉書／個人蔵］

◆天神浜部の廃虚と博多港の景観
天神交差点から電車循環線の北側を望む。右手のビルは松屋デパート。博多港に停泊しているのは引揚船。
［写真上／昭和20年10月２日／米国立公文書館蔵『米軍が写した終戦直後の福岡県』より転載］

THE BUSTLING SIGHT OF TENJINCHO STREET, FUKUOKA AND HAKATA.
商舗櫛比して交通頻繁を極むる天神町の街観
（福岡と博多名所）

◆戦前の天神交差点
天神交差点から電車循環線の南側を渡辺通り沿いに望む。左手前のビルがある場所に現在は福ビルが建つ。

［写真左／昭和戦前期の絵葉書／個人蔵］

◎戦災

八幡

Yahata

◆戦災前の八幡市（現北九州市八幡東区）の光景　皿蔵山麓の大谷付近から「春の町」付近と、北側に広がる八幡製鉄所の煙突群がみえる。ここに掲載したのは昭和戦前期の絵葉書であり、空襲を受ける前の往時の状況がわかる好個の資料である。
［写真上／昭和戦前期の絵葉書／個人蔵］

◆戦災に遭った八幡市（現北九州市八幡東区）　八幡駅北側から南東側を望む。線路を挟んだ画面右奥春の町、中央町の住宅は戦災で焦土が拡がるが、左側「八幡製鉄所」の被害は軽微であった様子がうかがえる。
［写真左／昭和20年８月／米国立公文書館蔵『米軍が写した終戦直後の福岡県』より転載］

北九州市の戦災

現北九州市の八幡地区は三回の大空襲に見舞われました。昭和十九年六月十六日の未明（罹災者三〇〇人、死傷者八〇人）、同年八月二十日は昼に空襲を受けました。約一年後の二十年八月八日昼の大空襲では罹災者五二五六二人、死傷者二九〇〇人の被害を受けました。八幡の市街地は、この三回の焼夷弾中心の空襲によって、大変な罹災状況での被害でしたが、線路を挟んだ「八幡製鉄所」などの工業地帯は軽微という状況でした。

◆八幡市（現北九州市八幡東区）中央町電停附近
建物は九州（マル九）百貨店。背景は八幡製鉄所。［昭和20年11月27日／米国立公文書館蔵『米軍が写した終戦直後の福岡県』より転載］

◎戦災

久留米

Kurume

◆**戦前の久留米市**　筑後川橋梁上空から久留米市街を見る。
［写真上／昭和戦前期の絵葉書：個人蔵］

◆**久留米市の六ツ門交差点附近**　一面の焼け野原の中に残る手前の建物は住友銀行。交差点南側から西北方面を望む。
［写真左／昭和20年10月25日／米国立公文書館蔵『米軍が写した終戦直後の福岡県』より転載］

久留米市の戦災

久留米市の空襲は、昭和二十年八月十一日の十時頃、最初にP38ほかの米戦闘機による空襲に始まり、十時半頃にはB29ほか爆撃機の合計で約一五〇機による焼夷弾による爆撃で、罹災者約二〇〇〇〇人、死傷者二一四人。罹災戸数は四五〇〇戸で被害面積は市街地の七〇%にのぼりました。

◆**西鉄久留米駅**［昭和20年10月29日／米国立公文書館蔵『米軍が写した終戦直後の福岡県』より転載］

III 引揚・復員◎海外から博多港へ

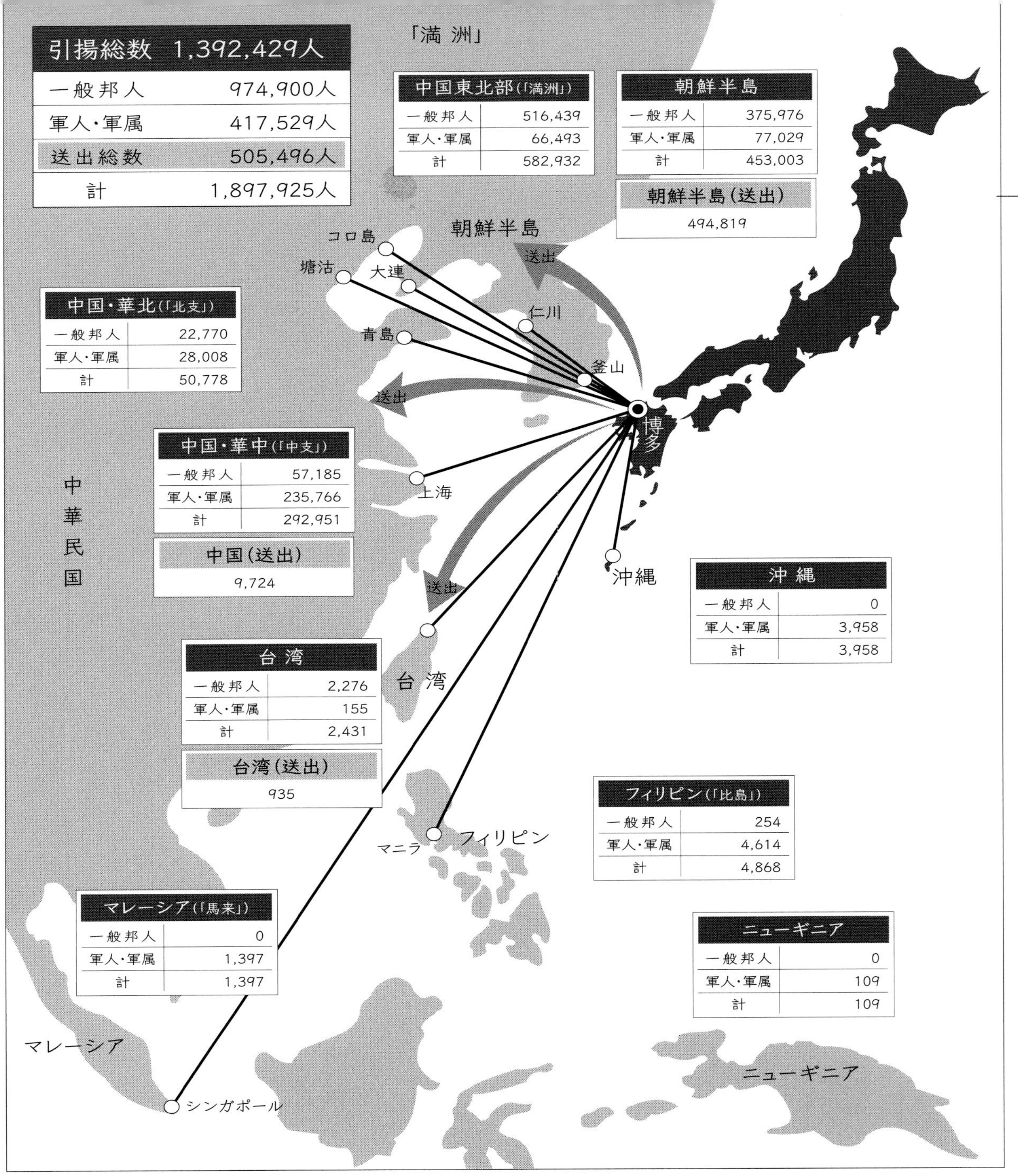

◆博多港引揚及び送出一覧図［厚生省『援護50年史』、福岡市『博多港引揚資料展』他より］

六六〇万人の海外邦人

昭和二十年（一九四五）八月十五日、第二次世界大戦が終わった時、約六六〇万人の日本人が海外にいました。その内訳は、戦争に直接従事した軍人・軍属が約三三〇万人、一般の人々が約三三〇万人とされています。

軍人・軍属が日本にもどり、その役を解かれる「復員」は、日本降伏のための定義・規約である「ポツダム宣言」第九条という法的根拠に基づいて行われました。

しかし、海外の一般邦人に対し、終戦時の外務省は、できるだけ現地に定着させる考えでした。

その後、GHQ（連合国軍最高司令官総司令部）は、人道的な見地から引揚援護政策を行うこととし、昭和二十年（一九四五）十月十八日、厚生省が「引揚に関する中央責任官庁」に指定されました。その翌月、十一月二十二日付勅令第六五一号「地方引揚援護局官制」に基づき、同月二十四日「厚生省博多引揚援護局」が設置され、

昭和二十二年（一九四七）四月三十日の閉鎖までの約一年半の間、活動を行いました。こうして約七十年前、博多港は約一三九万人の日本人が上陸する「復員」と「引揚」、朝鮮半島や中国などの海外へ戻る約五十万人が出発する「送出」、双方を担う「アジアの玄関口」としての役割を果たすことになったのです。

◆博多埠頭下船の兵士たち
背中に大きなリュックサックを背負って復員船の會寧丸から下船した兵士たち。
［昭和20年10月14日撮影、米国立公文書館資料、『米軍が写した終戦直後の福岡県』より転載］

引揚港・博多の風景
―復員と引揚―

軍人・軍属の復員は、昭和二十年八月ポツダム宣言（第九条）に記されていました。但し、一般邦人についての明文がなかったため宣言受諾時、外務省は邦人を現地に定着させる方針を取りました。

しかし、同年十月十五日、連合国軍最高司令官総司令部（ＧＨＱ）は、引揚援護港として博多港を指定し、同月十八日、厚生省を中央責任官庁に指令しました。これを受けて厚生省は、翌月十一月二十四日、全国一八カ所の地方引揚援護局の一つとして「博多引揚援護局」を設置し以降、昭和二十二年（一九四七）四月三十日の閉局までの約一年五ヵ月の間、邦人が博多に上陸する「復員」「引揚」と外国人が出国する「送出」の援護活動を行いました。

◆3,500人の引揚者を乗せた「江の島丸」博多入港　江ノ島丸は戦中、輸送船として物資を戦地に届け、戦後は引揚船として運航した。甲板に出て、最初に見る日本、博多港。［昭和20年11月９日撮影、米国立公文書館資料、引揚げ港・博多を考える集い監修『博多港引揚』より転載］

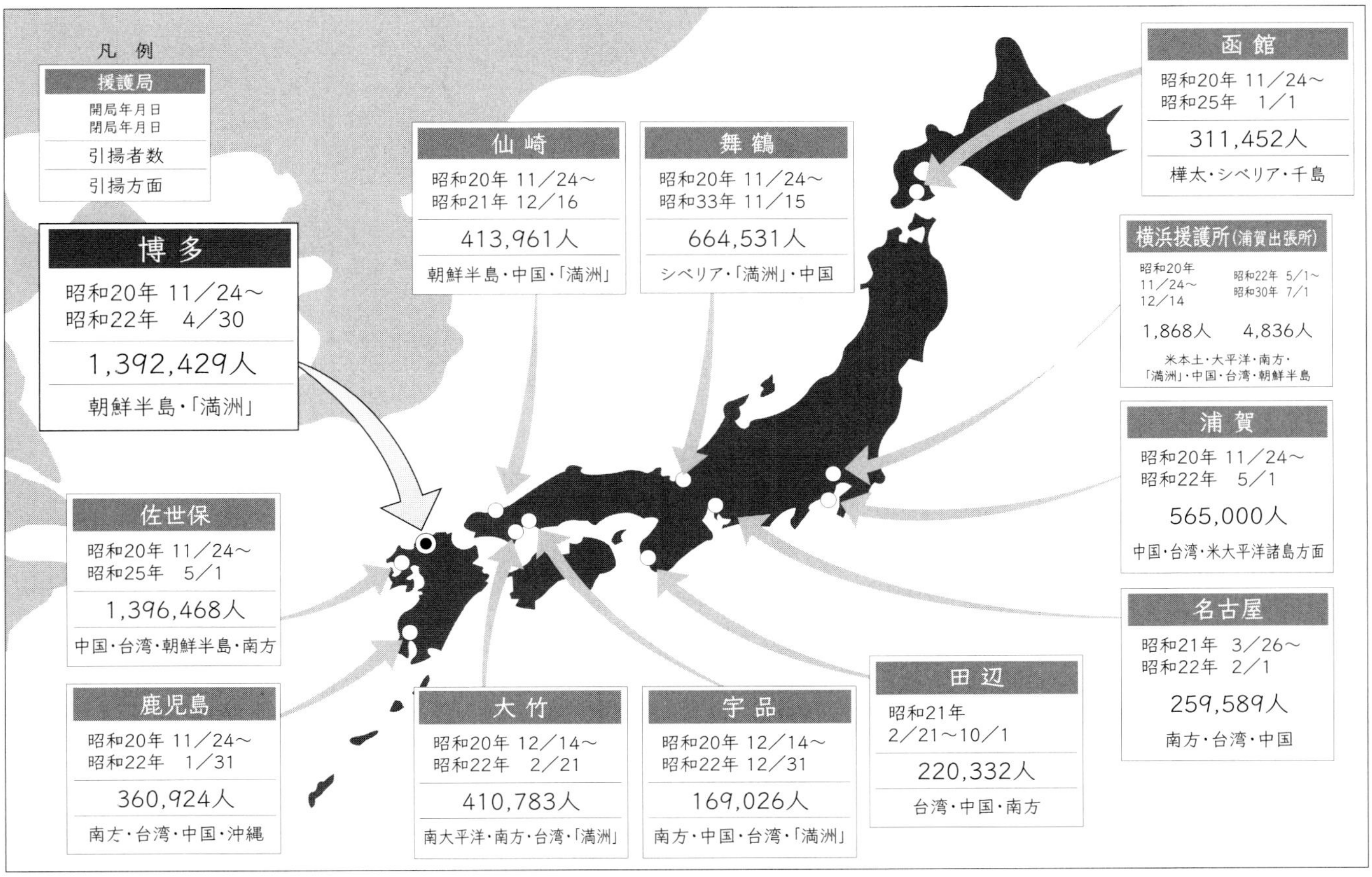

◆**主要地方引揚援護局と引揚者数**［厚生省『援護50年史』、福岡市『博多港引揚資料展』他より］

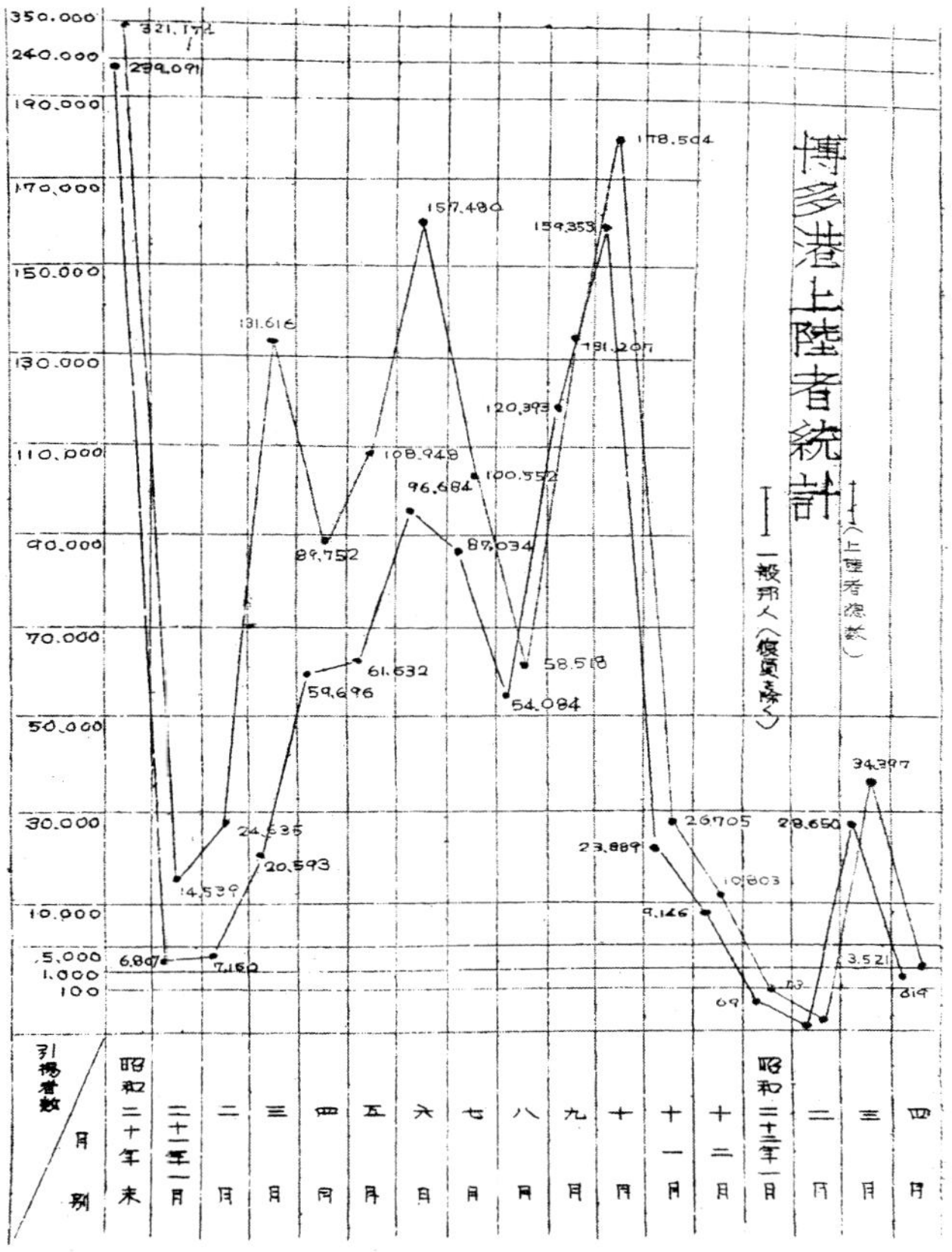

◆**博多引揚援護局「博多港上陸者統計」** 博多引揚援護局の局員が作成した昭和20年末〜昭和22年４月までの博多港に上陸した邦人数の統計資料。一般邦人（軍人・軍属を除いた人々）と上陸者総数の人数が、折れ線グラフで示される。
［博多引揚援護局局史係『博多引揚援護局史』より転載］

◆**引揚者親子の姿** 当時を思い出して描かれたイラスト。左側の女の子が首から下げるのは水筒。飲み水の確保は必要であった。引揚に際し、所持金は一人千円まで、荷物は自分で持てる分だけと制限された。
［松崎勇三画、「証言・二日市保養所」『戦後五十年引揚げを憶う（続）』引揚げ港・博多を考える集い発行 より転載］

◆博多埠頭に着いた「満洲」(中国東北部) からの引揚者「満洲」からの引揚は、女性や子ども達が多くを占めた。それは、終戦の約２ヵ月前、昭和20年６月以降、ソビエト連邦国境警備のため壮年男子が「根こそぎ動員」されたためである。
［昭和21年６月10日撮影、米国立公文書館資料、木村秀明『米軍が写した終戦直後の福岡県』より転載］

「満洲」から博多港へ
—命がけで日本へ—

戦後の混乱期、軍人・軍属と違い、組織を持たない一般の人々が遠い海外から日本へとたどりつくことは、長い苦難の道のりでした。博多港に上陸した引揚邦人約一三九万人の内訳は、「満洲」から五十八万人、朝鮮半島から四十五万人でしたが、特に「満洲」(中国東北部)からの引揚は困難を極めました。

「満洲」地域の開拓者、約二十七万人の内、約五万人の壮年男子(十七〜四十五歳)は、昭和二

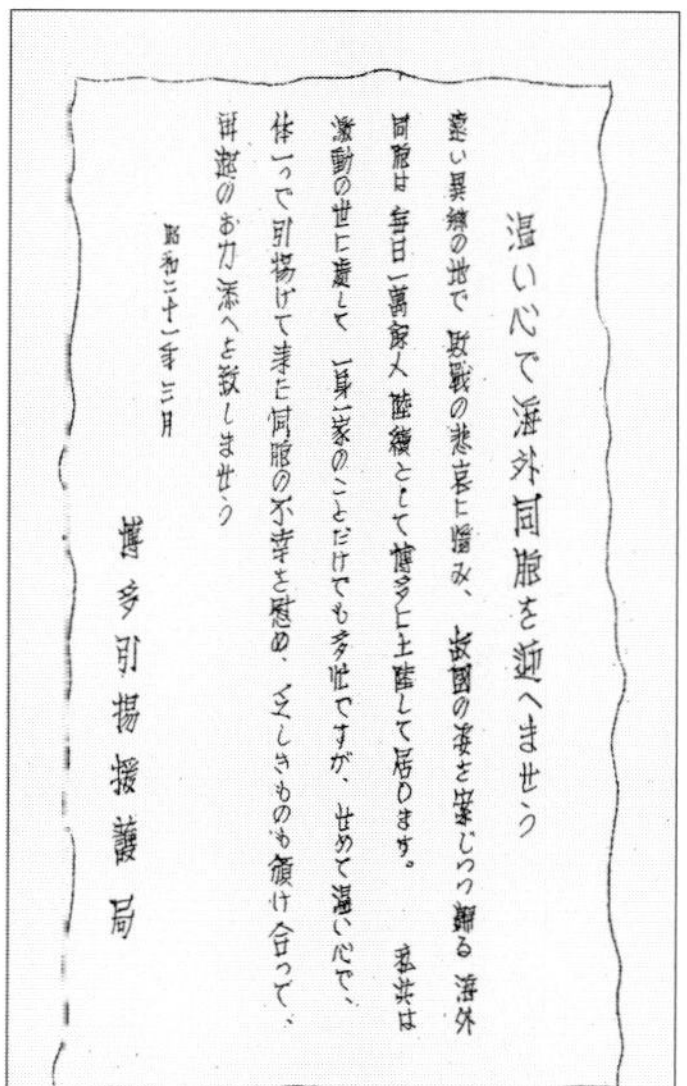
温い心で海外同胞を迎へませう
遠い異郷の地で敗戦の悲哀に悩み、故国の姿を案じつつ帰る海外同胞は毎日一萬余人陸続として博多に上陸して居ります。私共は激動の世に處して一身一家のことだけでも多忙ですが、せめて温い心で、体一つで引揚げて来た同胞の不幸を慰め、乏しきものも頒け合って、再建のお力添へを致しませう
昭和二十一年三月
博多引揚援護局

◆「温い心で海外同胞を迎へませう」「博多港引揚援護局」の閉局後、局員によって編集され、昭和22年（1947）９月に発行された『局史』巻頭の言葉。「前書き」には「この事実をありのまま後世に伝へて、このような過誤を再び繰り返すことのないよう深く相戒めることは、直接この仕事に携わって来た我々の大きな責任であり、義務でもある」という言葉も記される。
［博多引揚援護局局史係『博多引揚援護局史』扉ページより作成］

◆博多埠頭に着いた「満洲」（中国東北部）からの引揚者　昭和21年４月、ソビエト連邦軍の「満洲」地域撤退により、同地区の管轄は中国等補講部保安司令官と米国軍が中心となった。こうして同月20日、「満洲」地域からの本格的な引揚が始まった。
［昭和21年６月10日撮影、米国立公文書館資料、木村秀明『米軍が写した終戦直後の福岡県』より転載］

十年（一九四五）六月以降、ソビエト連邦国境警備のため「根こそぎ動員」され、同年八月九日、ソ連参戦により多くの人々が戦死や抑留に至りました。そのため戦後、「満洲」からの引揚は高齢者・幼児・女性が大半を占めました。

その上、ソ連軍の管区となった「満洲」や朝鮮半島北部は、北緯三十八度線が占領分割線として封鎖され、一般邦人の南下は禁止されたため、引揚は命がけの逃避行となったのです。

連合国（米国軍、中国国民党）の管轄下にあった葫蘆《コロ》島港（現遼寧省葫蘆島市）を出発地とした引揚船の博多港初入港は、終戦から七ヵ月後の昭和二十一年五月十五日でした。

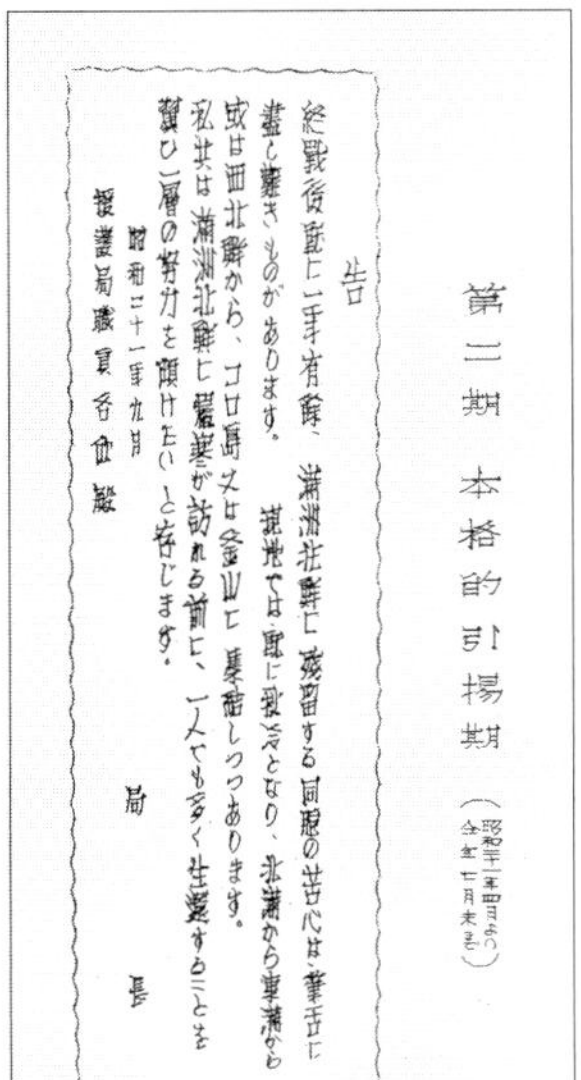

第二期　本格的引揚期（昭和二十一年四月より 全年七月末迄）

告

終戦後既に一年有餘、満洲北鮮に残留する同胞の苦心は筆舌に盡し難きものがあります。現地では既に秋冷となり、北満から東満から或は西北鮮から、コロ島又は釜山に集結しつゝあります。

私共は満洲北鮮に厳寒が訪れる前に、一人でも多く生還することを願ひ一層の努力を傾けたいと存じます。

昭和二十一年九月

局長

援護局職員各位殿

◆博多引揚援護局「告」
博多引揚援護局局員による『局史』に掲載された言葉。昭和21年４月～７月を「本格的引揚期」と位置付けていること、「満洲」（中国東北部）や朝鮮半島北部（「北朝」と記載）から帰国する引揚者を厳冬期の前に一人でも多く受け入れるために局員も尽力していることが分かる。
［博多引揚援護局局史係『博多引揚援護局史』より転載］

Ⅳ 送出◎博多港から海外へ

◆**列車で出発する福岡県内で働いていた中国人帰国者**　福岡県内の炭坑に終戦前、朝鮮半島・中国・米国などの捕虜が約１万人以上もいたという。ＧＨＱから昭和20年（1945）10月20日「中国人労働者引揚ニ関スル覚書」が出され、博多港から同年中、約9,700人、中国へ帰国した。［昭和20年11月20日撮影、米国立公文書館資料、木村秀明『米軍が写した終戦直後の福岡県』より転載］

外国人帰国者母国への送出

昭和二十年（一九四五）の終戦から厚生省博多港引揚援護局が閉局する約一年五ヵ月の間に、合計五〇五，四九六人の外国人帰国者が博多港から送り出されました。

主要な目的地は、朝鮮半島四九四，八一九人、中国九，七二四人、台湾九五三人で、朝鮮半島へ出発した人が九八％を占めました。その背景には、明治時代以降、日本の朝鮮半島・中国大陸への侵出・昭和十二年（一九三七）に始まった日中戦争の長期化がありました。

日本における労働力不足が問題となり、多くの人々が朝鮮半島から日本に強制連行された結果、昭和二十年（一九四五）、終戦時、日本にいた朝鮮半島の人々は、二〇〇万人とも二五〇万人とも推定されています。

福岡県だけをみても当時、炭鉱で労働していた約七〇％が、朝鮮半島から来た人々だったといいます。昭和二十五年（一九五〇）までに朝鮮半島に、帰国したのは約一〇〇万人ですから、約半数の人々が博多港から帰国したことになるのです。

◆「全羅北道女子勤労挺身隊員」帰国前の記念撮影（部分）

「帰還 全羅北道女子勤労挺身隊」という旗がみえる。連合国軍による帰国前の撮影のため笑顔がこぼれる。

［昭和20年11月19日撮影、米国立公文書館資料、木村秀明『米軍が写した終戦直後の福岡県』より転載］

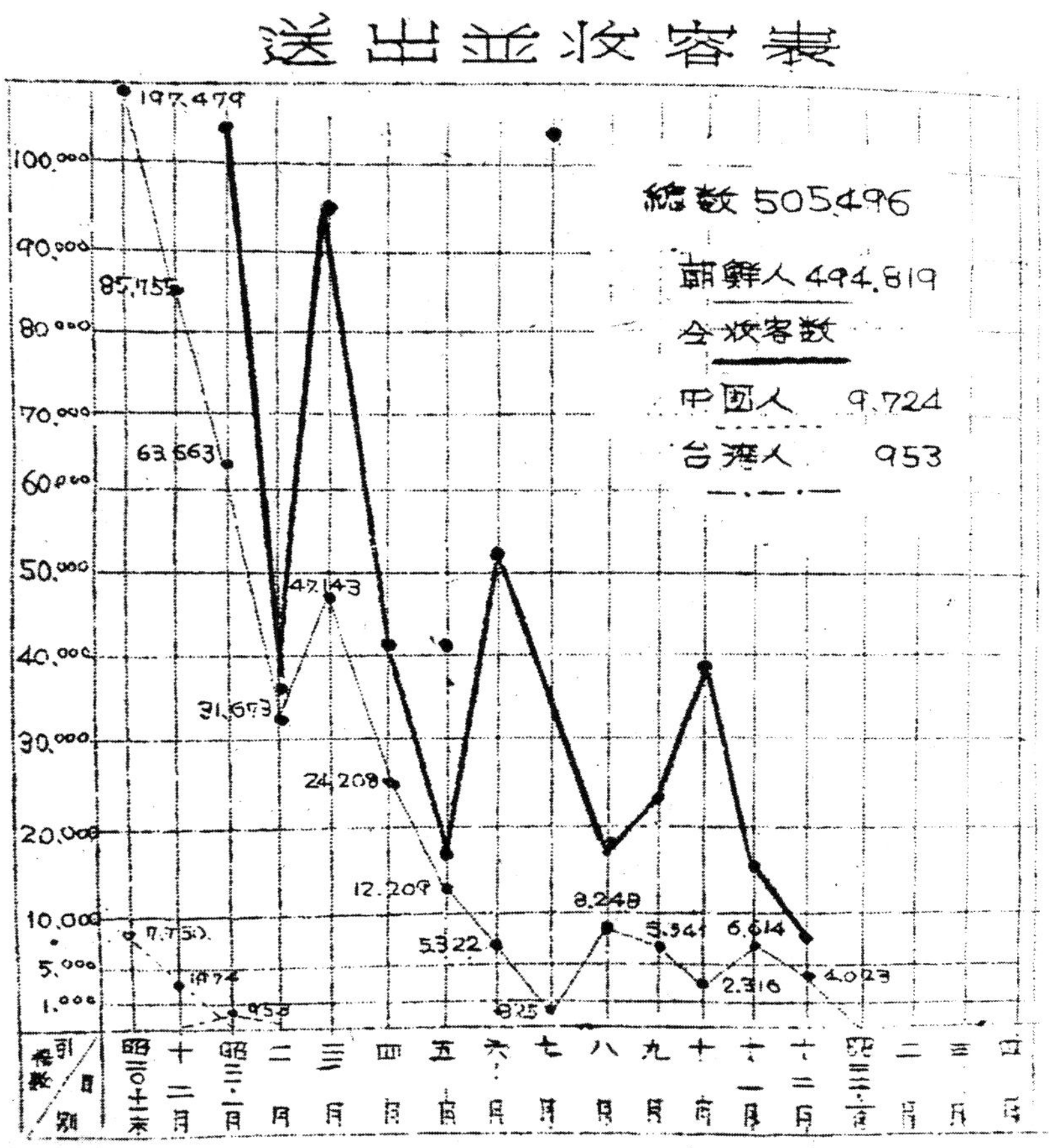

◆博多引揚援護局「博多港上陸者統計」

博多引揚援護局の局員が作成した昭和20年末～昭和22年4月までの博多港に上陸した邦人数の統計資料。一般邦人（軍人・軍属を除いた人々）と上陸者総数の人数が、折れ線グラフで示される。

［博多引揚援護局局史係『博多引揚援護局史』より転載］

V 引揚援護◎命がけの引揚

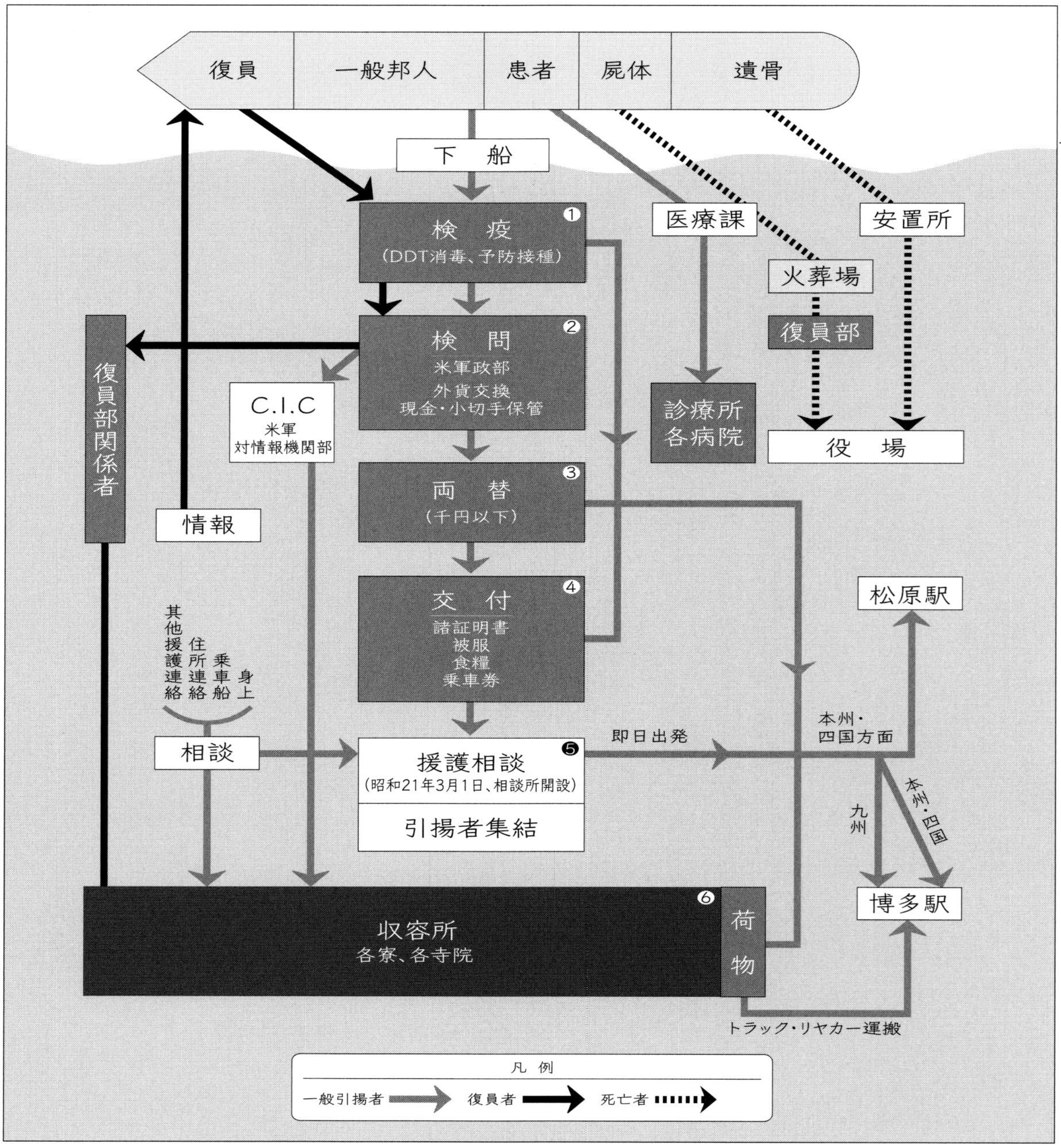

◆業務一覧表　引揚者は検疫や検問を受けた後「引揚証明書」などが交付された。大半は上陸当日に帰郷したが、一部は宿舎で１～３泊し、博多駅から全国へ戻った。[『博多引揚援護局史』、福岡市『博多港引揚資料展』より]

博多港と「引揚援護」

第二次世界大戦直後の混乱期、多い時には一日約一万人の邦人引揚者を焼野原の博多で迎えることは、多くの困難が伴いました。

引揚者の受入れ業務は厚生省博多引揚援護局が行いましたが、中にはコレラ・チフスなどの伝染病にかかった患者、他国を移動中に両親を亡くした孤児、婦人科の相談・治療が必要な女性など、状況に応じた援護が必要でした。

そのため、寺院・病院・民間団体などによって、引揚者の収容施設・療養施設・孤児施設などが設けられ、博多港の引揚を支えました。

◆予防接種を受ける引揚者　昭和21年（1946）８月４日、博多港は連合国軍総司令部より「コレラ港」に指定され、引揚船の往来も制限された。同年６月～12月、博多港に上陸したコレラ患者は合計228人、種痘患者は合計72人とされる。[昭和21年10月10日撮影、米国立公文書館資料、木村秀明『米軍が写した終戦直後の福岡県』より転載]

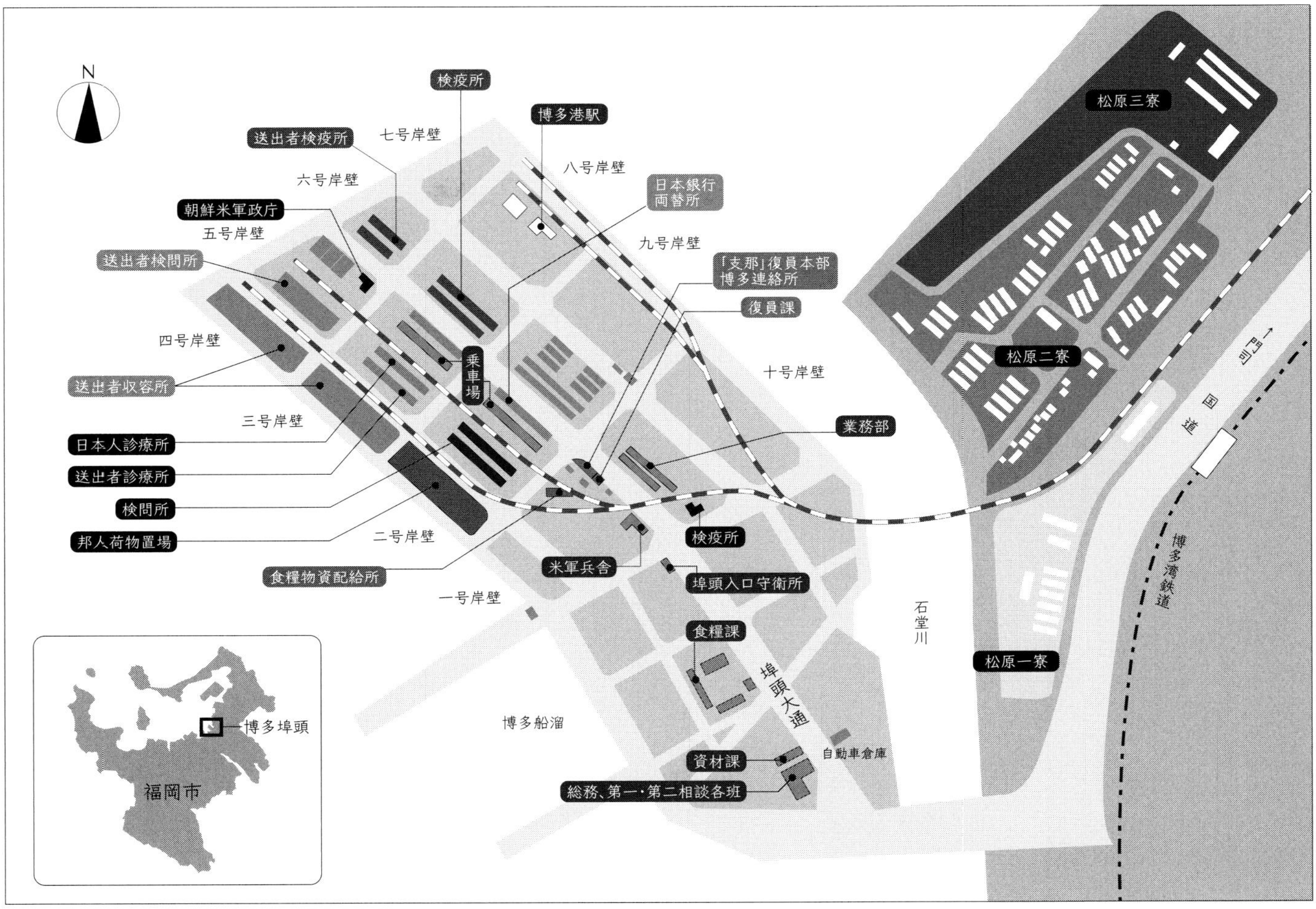

◆博多埠頭諸施設一覧　昭和20年（1945）11月24日「博多港引揚援護局」が設置され、以降は復員・引揚ともに援護局の下で行われた。同22年（1947）４月30日の閉局まで、埠頭を中心に援護業務を行った。表示のない建物は、倉庫・事務所など。
［博多引揚援護局局史係『博多引揚援護局史』、引揚げ港・博多を考える集い監修『博多港引揚』より作成］

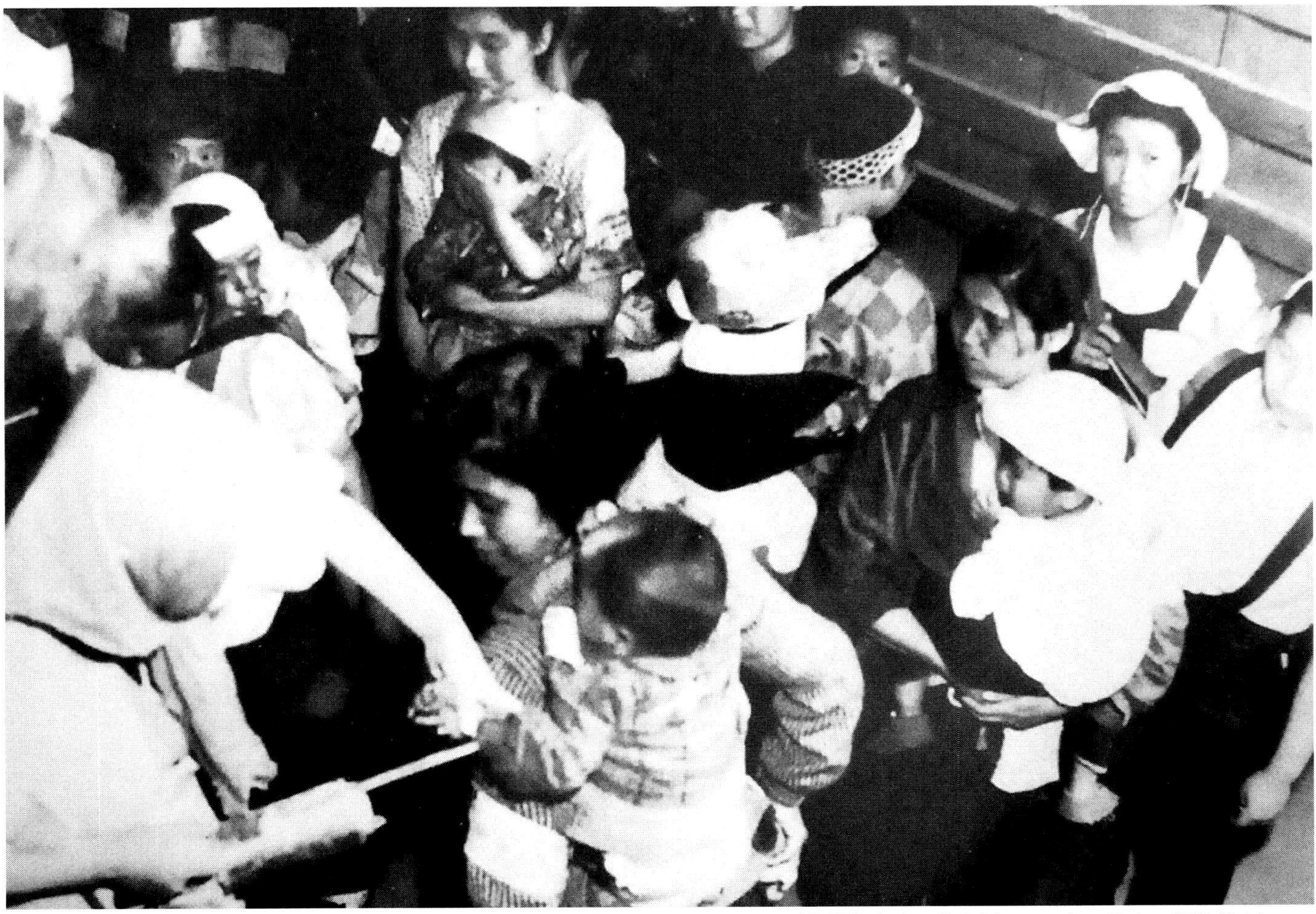

◆ＤＤＴの散布を受ける引揚者　上陸後、引揚者は感染症予防のためＤＤＴ（有機塩素系の殺虫剤、1981年に輸入・製造禁止）の散布を受けた。［昭和21年10月10日撮影、米国立公文書館資料、木村秀明『米軍が写した終戦直後の福岡県』より転載］

◆博多引揚援護局総務部　博多埠頭内にあった引揚援護局総務部の建物。総務部には、総務課・経理課・食糧課・資材課・施設課・引揚援護相談所・門司援護所、７つの部署があった。［博多引揚援護局局史係『博多引揚援護局史』より転載］

◆博多埠頭施設　車庫。［博多引揚援護局局史係『博多引揚援護局史』より転載］

◆博多埠頭施設　東門。［博多引揚援護局局史係『博多引揚援護局史』より転載］

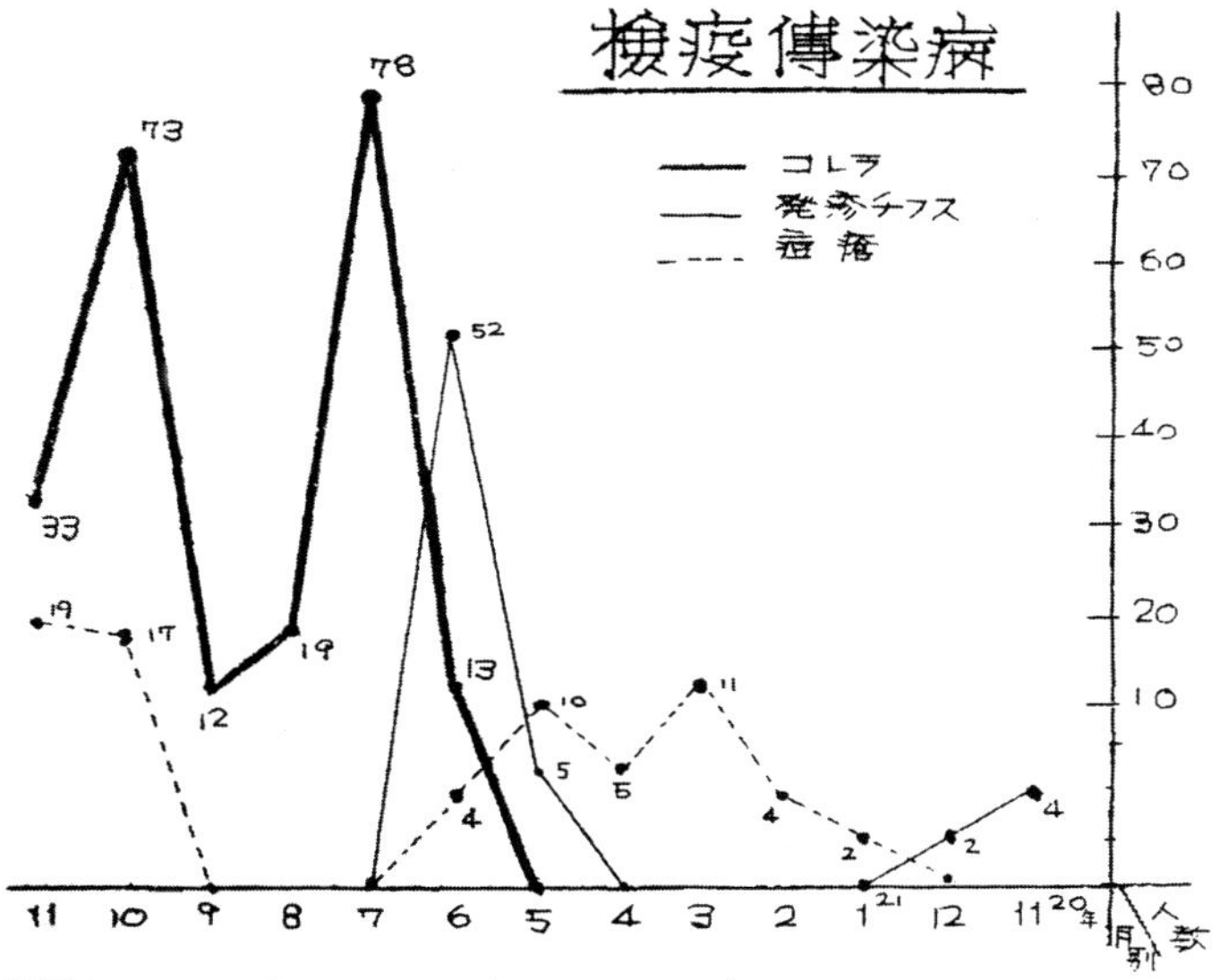

	月	検疫人員	DDT消毒人員	種痘	コレラ予防接種	発疹チフス 〃	三種混合 〃
出港検疫	20 10						
	11	104,745		104,745			104,745
	12	62,793		62,736			62,736
	21 1	53,161	53,161	63,069			62,957
	2	32,941	32,941	32,939			32,427
	3	51,294	51,294	51,267			50,951
	4	23,837	23,835	22,218	469	13,253	5,870
	5	13,114	13,114	12,680	12,172	10,851	
	6	7,751	7,751	7,399	7,157	5,551	
	7	1,133	1,133	999	1,975	1,878	
	8	4,476	4,476	4,476	3,691	3,245	
	9	7,012	7,012	7,009	6,910	6,029	
	10	2,236	2,236	2,236	3,670	3,554	
	11	6,351	6,351	4,816	6,216	6,216	
	計	370,844	203,304	376,589	42,254	50,577	319,589
入港検疫	20 10	7,752					
	11	130,442		12,741			18,130
	12	46,712		7,044			8,520
	21 1	18,456	13,768	3,783	2,431		
	2	33,901	17,339	159	779		
	3	139,235	128,325	16,271		17,816	
	4	84,063	84,074	8,850	40,906	10,997	
	5	144,294	97,917	12,383	68,261	72,069	
	6	161,362	160,412	5,646	115,912	60,915	
	7	108,570	97,135	—	72,678	6,661	
	8	99,629	54,296	—	46,543		
	9	162,885	118,163	—	112,514		
	10	147,478	153,412		147,294		
	11	8,134	28,568	15,824	24,893		
	計	1,292,915	8,953,409	82,701	632,211	168,458	28,031

◆**博多引揚援護局「検疫伝染病」**博多引揚援護局がまとめた昭和20年（1945）11月～翌年11月までの検疫関連資料。上段は、「伝染病」患者数の推移、下段は、博多港に上陸した邦人引揚者と送出した外国人出国者の検疫人員。
［博多引揚援護局局史係『博多引揚援護局史』より転載］

◆**博多埠頭施設**　博多検疫所。［博多引揚援護局局史係『博多引揚援護局史』より転載］

◆**博多埠頭施設**　業務部。［博多引揚援護局局史係『博多引揚援護局史』より転載］

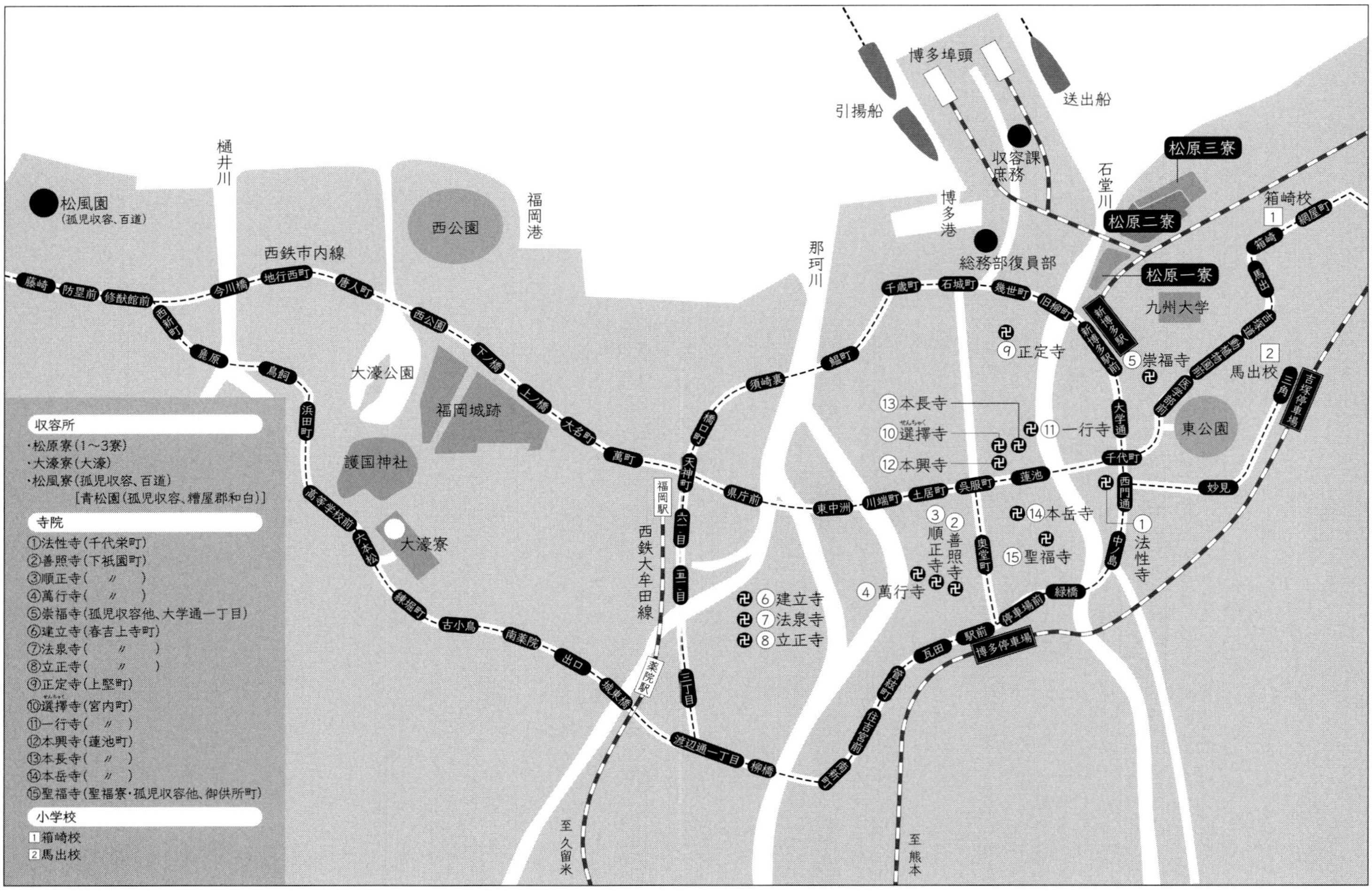

◆博多埠頭外諸施設一覧　上陸の諸手続終了後、各地出発前の休憩・宿泊は埠頭内施設では足りず、付近の寺院や学校も使用した。
[「最新福岡地図」(大阪集画堂・福岡協和堂／昭和16−17年)『博多引揚援護局史』より]

◆博多埠頭でお茶の接待を受ける子どもたち　博多上陸後、水筒にお茶を入れてもらう子ども達。上陸後、同日に博多を出発して各地に帰郷する者もいた。[昭和21年6月10日頃撮影、米国立公文書館資料『米軍が写した終戦直後の福岡県』より転載]

◆引揚者の確認を行う連合国軍の担当者
検疫・予防接種などの後、引揚者を確認し、両替（千円以内）・引揚証明書の発行などが行われた。
［昭和21年10月10日撮影、米国立公文書館資料『米軍が写した終戦直後の福岡県』より転載］

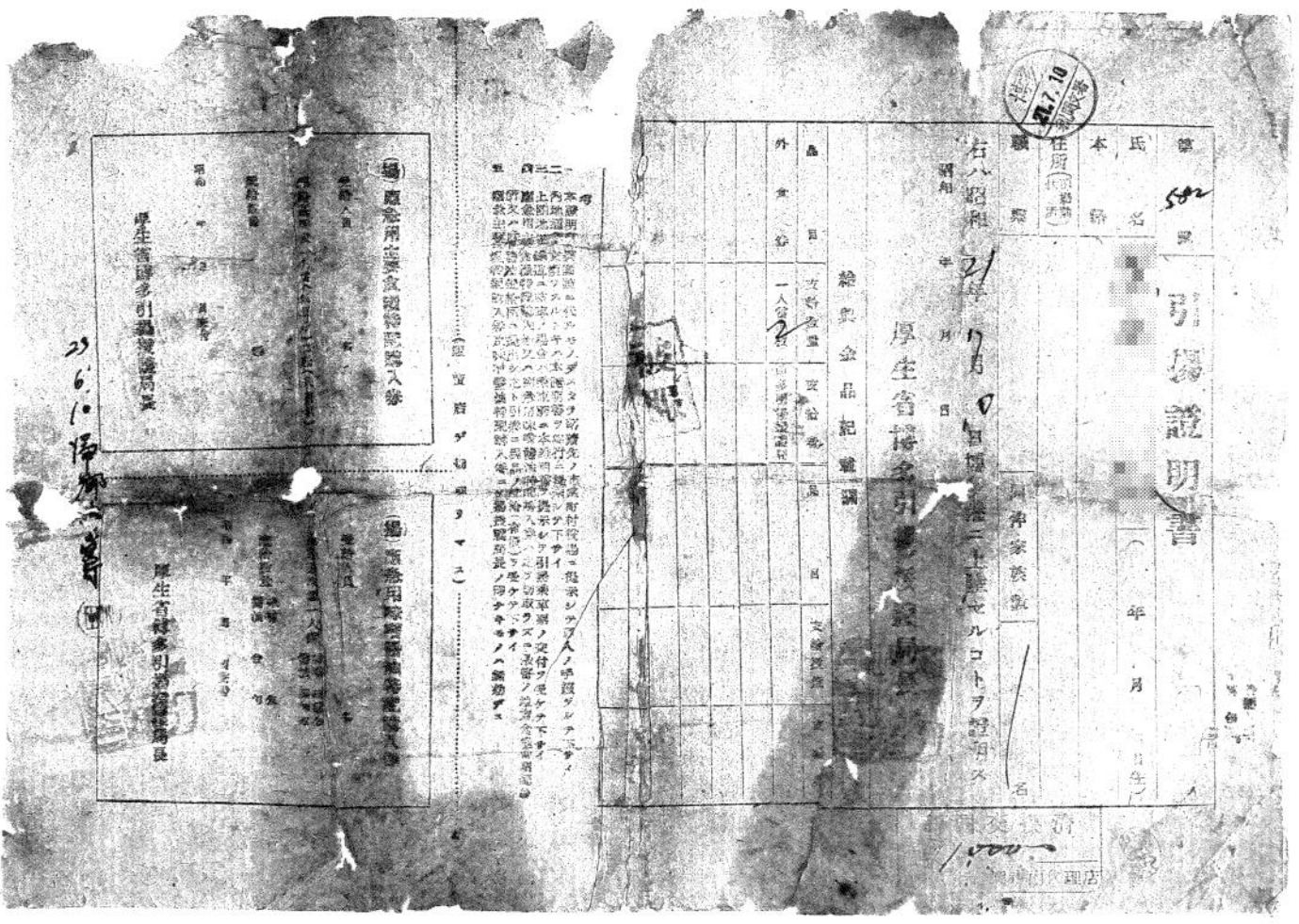
引揚證明書

◆博多引揚援護局発行「引揚証明書」（複写）
「引揚証明書」は、上陸地で世帯ごとに交付された。証明書は居住地への移動証明書となっただけでなく後年、引揚者に対する援護手続きにおいても必要な書類となった。また帰郷地までの食糧を確保するため、左側に「特配購入券」２枚（主要食糧、味噌醤油）が印刷され、切り取って現物と交換することができた。［福岡市保健福祉局蔵：博多港引揚目録番号975］

◆博多埠頭施設　松原寮の光景。［博多引揚援護局局史係『博多引揚援護局史』より転載］

◆「聖福寮」全景［昭和21年８月撮影］

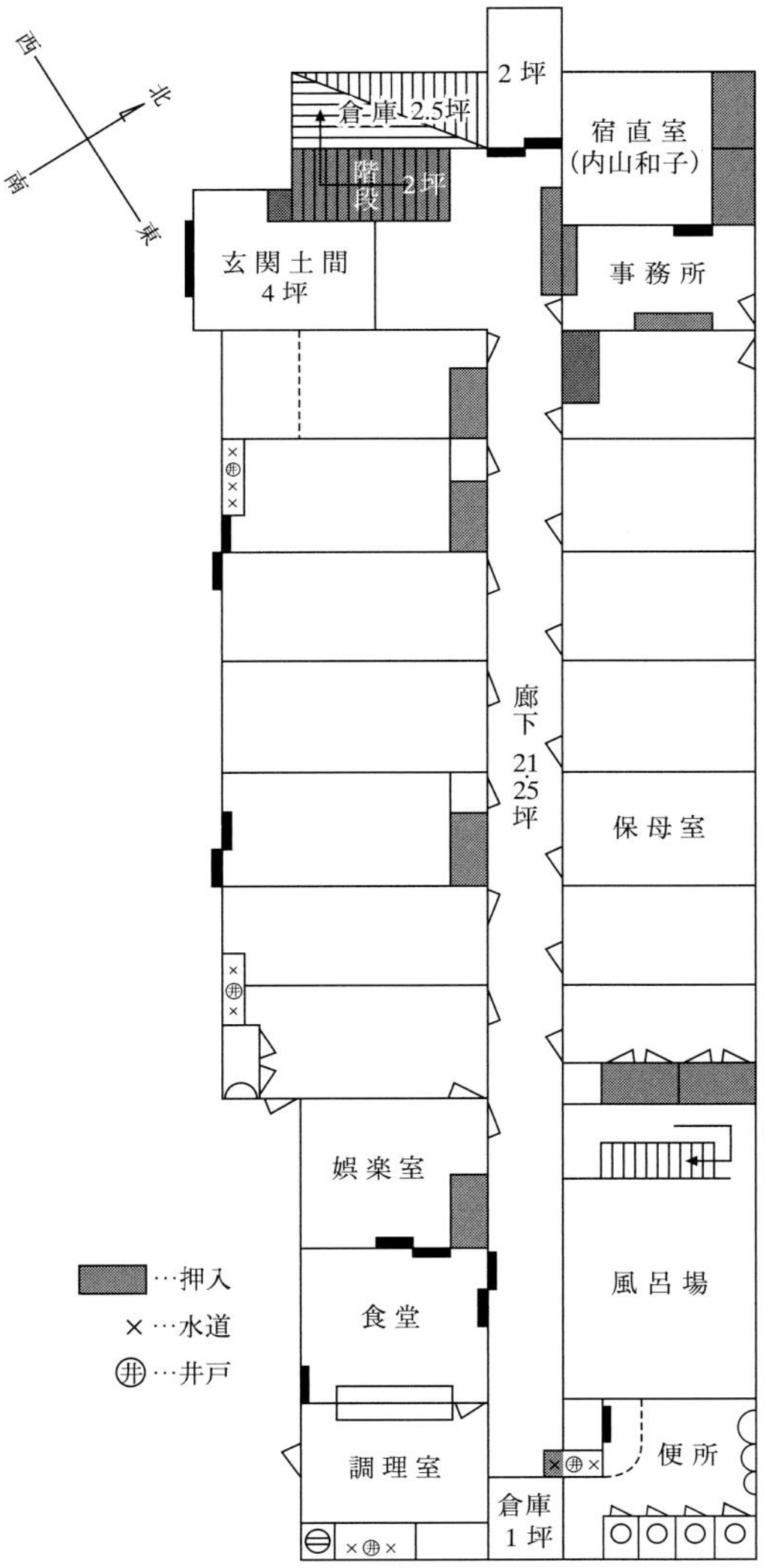

◆聖福寮１階平面図

１階／８畳１部屋、６畳15部屋他：孤児の部屋13室・調理室・食堂・風呂場便所・娯楽室兼診療室・保母室（衣料整理室兼庶務室）。
２階／８畳２部屋、６畳15部屋他：入院患者家族用、寮長室、職員宿舎。
（「いづみ保育園平面図」［『いづみのほとりに』所収］、『局史』、内山和子氏談話を基に作成。［反頭尚平氏作成データを元に編集部で再構成した］

聖福寮

福岡市内では昭和二十一年四月、聖福寺（御供所町）の敷地内に「聖福病院」、八月には医療孤児収容所「聖福寮」を設立し、「博多引揚援護局分課」として一翼を担いました。

なお、引揚孤児については、昭和二十一年四月〜十二月まで、合計千五百五十名が博多港に上陸。内千四百十四名が縁故者に引き取られたが、縁故者がみつからなかった孤児のため「松風寮」（福岡市）、「青松園」（粕屋郡）を県が設置して養育を行いました。

引揚孤児の内、栄養失調症などにより治療が必要な者は、先に挙げた医療孤児収容所「聖福寮」において「福岡友の会」（『婦人之友』愛読者）有志のボランティア活動により、温かい保育を受けた。翌年三月の博多引揚援護局閉鎖に伴う閉寮まで百六十四名が生活し、百六十二名が健康体を取り戻しました。

◆「博多引揚援護局　聖福寮」集合写真
昭和21年８月９日、中国東北部、長春（新京）からの孤児44名が栄養失調症等の治療のため入寮したのが皮切り。翌年３月閉寮まで 164 名が生活した。写真最後列はボランティアで世話にあたった「福岡友の会」の女性たち。
［写真上／昭和21年11月2日撮影、石賀信子提供、引揚げ港・博多を考える集い監修『博多港引揚』より転載］

◆「聖福寮」時代の職員集合写真（敬称略）
前から２列目、左から藤本医師、山本良健（小児科医・寮長）、前から３列目、左から２人目、進藤（聖福子供寮台所）、永富（聖福子供寮台所）、６人目兼行静子（女医、旧姓馬場）、４列目左から４人目、馬場（兼行女医の妹）、（故人）田平辰子（保育者・看護士）、５列目左から石賀信子（保育者・福岡友の会）、楠喜美子（保育者・福岡友の会）、山本陽子（保育者・友の会全員）、内山和子（保育者・福岡友の会）、山崎邦栄（保育者・福岡友の会）、左淑子（保育者・福岡友の会）、岩永邦歌（保育者・福岡友の会）。

［写真左／昭和22年３月撮影、石賀信子提供、引揚げ港・博多を考える集い監修『博多港引揚』より転載］

西日本新聞　2009年(平成21年)8月15日　土曜日　生活・ヒューマン　10

聖福寮を忘れない

引き揚げ孤児と保母

▶上

寺町と呼ばれる福岡市博多区御供所町。ＪＲ博多駅前の大博通りを一本入ったところに日本最古の禅寺、聖福《しょうふく》寺がある。その境内に終戦後の約7カ月間、中国や朝鮮半島から博多港に引き揚げてきた孤児を収容する民間施設「聖福寮」があった。やせ衰えた子どもたちを温かく迎え看病したのは、九州各地から集まった女性たちだった。急ごしらえの木造2階建て。孤児と保母たちの戦後はそこから始まった。

（下崎千加）

母に代わるぬくもり感じ

〈神様は軒の小雀《すずめ》まで
お優しくいつも守り給《たま》う
小さい者をもお恵みある
神様私を愛し給う〉

山口県下関市に訪ねた水田孝さん(72)は賛美歌を口ずさんだ。「たった3カ月過ごしただけなのに、今もそらで歌えるんです」。聖福寮で毎朝、孤児たちが合唱した歌である。

「どうしてこんなに優しくしてくれるんだろう、どうしてお姉さんたちはいつもニコニコしているんだろう、って不思議でした」

母親の骨つぼを持った水田さんらきょうだい4人が博多港に到着したのは、1946年11月16日。水田さんは9歳、兄11歳、弟7歳、妹は3歳だった。検疫所で全員、栄養失調と診断され、

寮に入所した。

福岡市総合図書館に保管されている聖福寮孤児名簿に4人の記録がある。

〈朝鮮平安南道順川ヨリ開城、京城ヲ経テ釜山ニテ引揚船長白丸ニ乗船〉。600キロにも及ぶ逃避行。入所4日目の水田さんは〈身長119・3センチ、体重21・4キロ〉。今の9歳男子の平均体重の3分の2しかなかった。

平壌のやや北に位置する順川の化成工場で働いていた父は45年6月に召集され、半島南部に向かった。

米国が、以北をソ連（当時）が占領。父は戻ってこなかった。46年春、日本への引き揚げ船が出ている38度線以南を目指して社宅の人々と出発した。ソ連兵の発砲音が聞こえる中、深夜に移動を続けた。途上で足をけがした母が敗血症でほとんど歩けなくなり、一家は集団を離脱した。

野草を食べながら38度線の山を越え、京城（現ソウル）に入った。米軍キャンプで母を診た医師は「どこを切ってもうみが出てくる」と告げた。11月2日、母は眠ったまま逝った。まだ37歳だった。「そんな家族が周りにいっぱいいた。悲しいとか泣くとか、そんな余裕もなかった」

順川をたってから、「初めてほっとできた」という聖福寮では三度の食事に加え、ビスケットと牛乳のおやつも出た。"元気"になると、週末は保母に連れられ木琴の演奏会や公園に行った。クリスマスの朝には枕元にお菓子があった。何より、失った母に代わる女性たちのぬくもりがあった。

「聖福寮がなかったら真っすぐ生きられなかったかもしれない」と話す水田孝さん。後ろから父と引き揚げ途上で病死した母の遺影が見守っている

㊨聖福寮の「孤児アルバム」に引き揚げ直後の水田さんの姿があった（本人提供）㊧開所当時の聖福寮＝1946年8月（本社資料写真から）

中学校を出た後、料理人の世界に入り、山口・川棚温泉のホテルで板長まで務めた水田さんは2009年夏、妻とともに穏やかに暮らしている。2人の娘は結婚し、4人の孫がいる。

行方不明だった父は無事復員し、67歳で他界した。兄は20歳の若さで病死したが、弟と妹は今も元気だ。

「幸せな人生だと思いますよ。でも聖福寮は特別楽しかった。苦しいときも横道にそれることなく真っすぐ歩んでこれたのは、寮で良くしてもらった思い出があったからかも分からんですね」

今も思い出すのは、寮の一室で古い毛布を子どもたちのコートに作り替えていた保母たちの姿。その中に学校教師を辞して駆けつけた石賀信子さん(92)＝福岡市中央区＝もいた。

主な引き揚げ港と引き揚げ者数

旧厚生省「援護50年史」などより

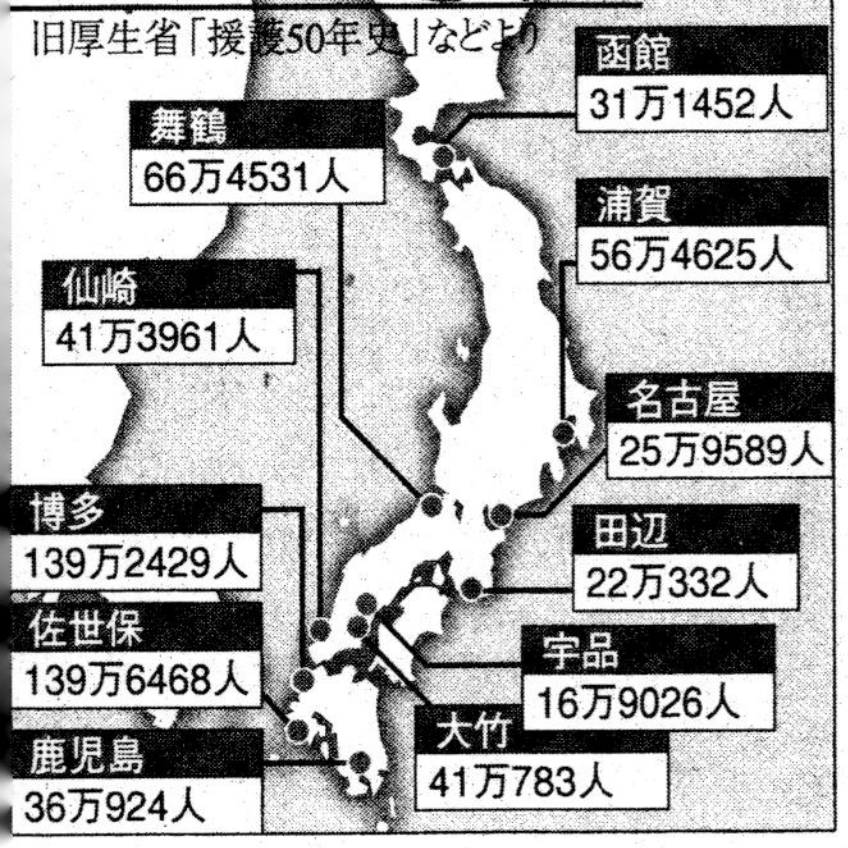

政府によると、終戦時に中国や朝鮮半島、南洋などにいた日本人は、総人口の1割に当たる約660万人（半数は軍人・軍属）。連合国軍総司令部（ＧＨＱ）の占領下で全国の十数港が上陸港に指定され、46年までに約500万人が帰国。その後もシベリア抑留者などの引き揚げが続いたが、国外で没した者も多い。中国残留孤児問題などは今も積み残されたままだ。

博多、佐世保で孤児3062人

引き揚げ途上で親が死亡し孤児になった子どもも多く、旧厚生省「援護50年史」によると、全国最大の引き揚げ港である佐世保港と博多港だけで3062人。福岡県は孤児収容施設を2カ所開設したが、衰弱の激しい164人は、旧京城帝大医学部の医師と雑誌「婦人之友」愛読者でつくる「福岡友の会」の女性らが46年8月から47年3月まで設けた聖福寮に一時収容された。

◆「聖福寮を忘れない」（『西日本新聞』平成21年8月15日発行）博多引揚援護局聖福寮で引揚孤児のとして育った水田孝氏（当時72歳）のインタビュー記事。朝鮮半島からの引揚途中に母を亡くし、兄弟4人で聖福寮に入った。当時の思い出は楽しかったと語る。
［西日本新聞社提供］

聖福寮を忘れない

引き揚げ孤児と保母 ▶下

「家庭のように」愛情注ぎ

〈ヒキアゲシャヘノシンルイツキアイハジメタシヨウスシラセ〉

1946年春、石賀信子さん(92)=福岡市中央区=に届いた1本の電報が、聖福寮《しょうふく》の始まりだった。発信人は雑誌「婦人之友」の愛読者でつくる「全国友の会」(本部・東京)。引き揚げ者支援をその年の重点活動に掲げた同会が、福岡友の会青年部のリーダーだった石賀さんに行動を呼び掛ける電文だった。

汚れた服をまとい、真っ黒な顔を伏せて博多港に上陸する人の群れは、「まるで葬式の列だった」と石賀さんは語る。「棒切れのような」孤児たちが、一時収容された寺で横たわっていた。「このままでは、いつ治るかというより、いつ死ぬかです」と嘆いた医師は「でも家庭的な温かい所できちんと看病すれば治ります」とも語った。石賀さんは決めた。「子どもたちが次に進めるようにお手伝いをしよう」

引き揚げ者救護に当たっていた旧京城帝大医学部の医師が国に働き掛け、港に近い聖福寺境内に木造2階建ての寮舎ができた。6畳間が約30室と炊事場、食堂、風呂場。石賀さんは勤めていた福岡女学院を辞め、長崎や大分などから駆け付けた仲間と寮に入った。約20人の職員全員が保育は素人。指導役を務めた最年長の石賀さんは29歳だった。

開所日の8月15日、旧満州(中国東北部)からの孤児44人が入寮した。深夜に次々と下痢や嘔吐《おうと》を起こし、すすり泣きや叫び声がやまなかった。宿直の保母3人は一睡もできず、翌日から人数を倍に増やした。

収容孤児の健康状態が「博多引揚援護局史」(47年発行)に記されている。〈消化不良及び腸カタル47・6%、疥癬《かいせん》46・4%、眼疾患43・4%、膿皮症《のうひ》20・5%〉。ほとんどに栄養失調の合併症があった。

5歳になっても歩けなかった「朝ちゃん」と「順ちゃん」が初めて歩いたときは、全員で歓声を上げた。国語や音楽を教え、「普通の家にいるように」と月見や遠足にも行った。九州大の学生ボランティアは子どもたちの人気者だった。友愛の精神に基づく〈シンルイヅキアイ〉のような温かな空気が漂っていた。

閉所する47年3月16日までの間に、生後1カ月から17歳までの164人がここで暮らした。親族や里親による引き取り115人、別の孤児施設への移動が40人、死亡が4人。残った5人を養育する必要もあり、17日、石賀さんらは託児所「聖福子供寮」を立ち上げた。18日付西日本新聞はこう報じている。

〈早くも三十名の申込があり、男一人なので子供づれで職場に通ったという引揚者や、乳のみ児をかかえて働けずにいた戦争未亡人などが多い〉

子供寮は児童福祉法が施行された48年に認可保育所になり、その後「いずみ保育園」と改称。石賀さんは65年の閉園まで園長を務め上げた。

現在、石賀さんが暮らしている家に、兄の石賀修さん(故人)から受け継いだ一幅の書がある。揮毫《きごう》したのは海軍大佐から反戦平和主義者に転じ、執筆活動を展開した水野広徳(1875~1945)。「人を殺したくない」と兵役を拒否して収監された兄が水野から書を贈られたのは、あの戦争の最中だったという。

〈百年の後にぞ知らん今の世は 欣《よろこ》ぶべきか慨《なげ》くべきかを〉

(下崎千加)

㊤「目の前の子たちを放っておけない、そういう思いだけだった」と語る石賀信子さん。後ろに掛かっているのが水野広徳の書=2009年7月、福岡市中央区の自宅で ㊦聖福寮の前に勢ぞろいした引き揚げ孤児と保母。最後列の左から2番目の女性が石賀さん。子どもたちのすねの細さが痛々しい=1946年11月(本社資料写真から)

規則正しい生活を柱に

聖福寮では治療と規則正しい生活が運営の柱だった。午前7時に起床。掃除、講話と続き、8時に朝食。ふき掃除、風呂掃除の後、9時に診察…。午後8時の就寝まで細かくスケジュールが決まっていた。「昼も夜もなく逃げてきた子どもたちに、早く生活のリズムを取り戻してほしい」(石賀さん)という思いがあった。

一日の食事は2200キロカロリー前後。国の提供物資で足りなければ、全国友の会の会員たちから届くカンパで補ったという。子どもたちが作った紙芝居「聖福寮の一日」(福岡市所蔵)=写真=には寮生活が生き生きと描かれている。

◆「聖福寮を忘れない」(『西日本新聞』平成21年8月16日発行) 博多引揚援護局 聖福寮で引揚孤児の保育を行った石賀信子氏(当時92歳)のインタビュー記事。引揚孤児たちが作った紙芝居「聖福寮の一日」の一部も写真入りで紹介されている。[西日本新聞社提供]

◆二日市保養所玄関前（勤務者の集合写真）在外同胞援護会救療部と博多引揚援護局は協力し、昭和21年（1946）3月、帰国した婦人患者のために温泉地・二日市に療養所を組織した。当時、妊娠中絶は法律で禁止されていたため、職を賭した人道的行為であった。最前列向かって右側2番目が秦禎三氏、3番目が橋爪将所長、4番目が上床一男事務長。後列に並ぶのが「看護婦」として働いた女性たち。
［昭和21年〜22年頃撮影、「引揚げ港・博多を考える集い」会員提供］

二日市保養所

博多港における引揚援護活動で特記すべきは、「在外同胞援護会救療部」の本部が置かれたことでしょう。この活動は、「京城」（ソウル）に終戦後、三十八度線を命がけで乗り越えてきた「満洲」や朝鮮半島北部からの負傷者や病人を目の当たりにした「京城帝国大学医学部」の残留学生十数名による「内地人学徒団」の結成から始まりました。

更に、有識者達も「京城日本人世話会」を設立。また病人を安全に日本に送るため、昭和二十年十月、移動医療局（米軍政府公認ＭＲＵ・Medical Relief Union）を設置し、翌年二月、博多・聖福寺に本部を置き「京城」、釜山、葫蘆《コロ》島をはじめ、国内の引揚援護港、佐世保・仙崎・舞鶴にも出張所を置く「在外同胞援護会救療部」をつくり、活動を広げました。この組織的な援護は「京城帝国大学」の助教授であった泉靖一氏によって構想されたといいます。

更に福岡県内では、昭和二十一年三月、帰国した婦人患者のため「二日市保養所」を設置。在外同胞援護会救療部と博多引揚援護局は協力して、福岡県から温泉地・二日市にある旧「愛国婦人会縣支部武《む》蔵《さし》温泉保養所」を借用し、婦人の治療にあたりました。

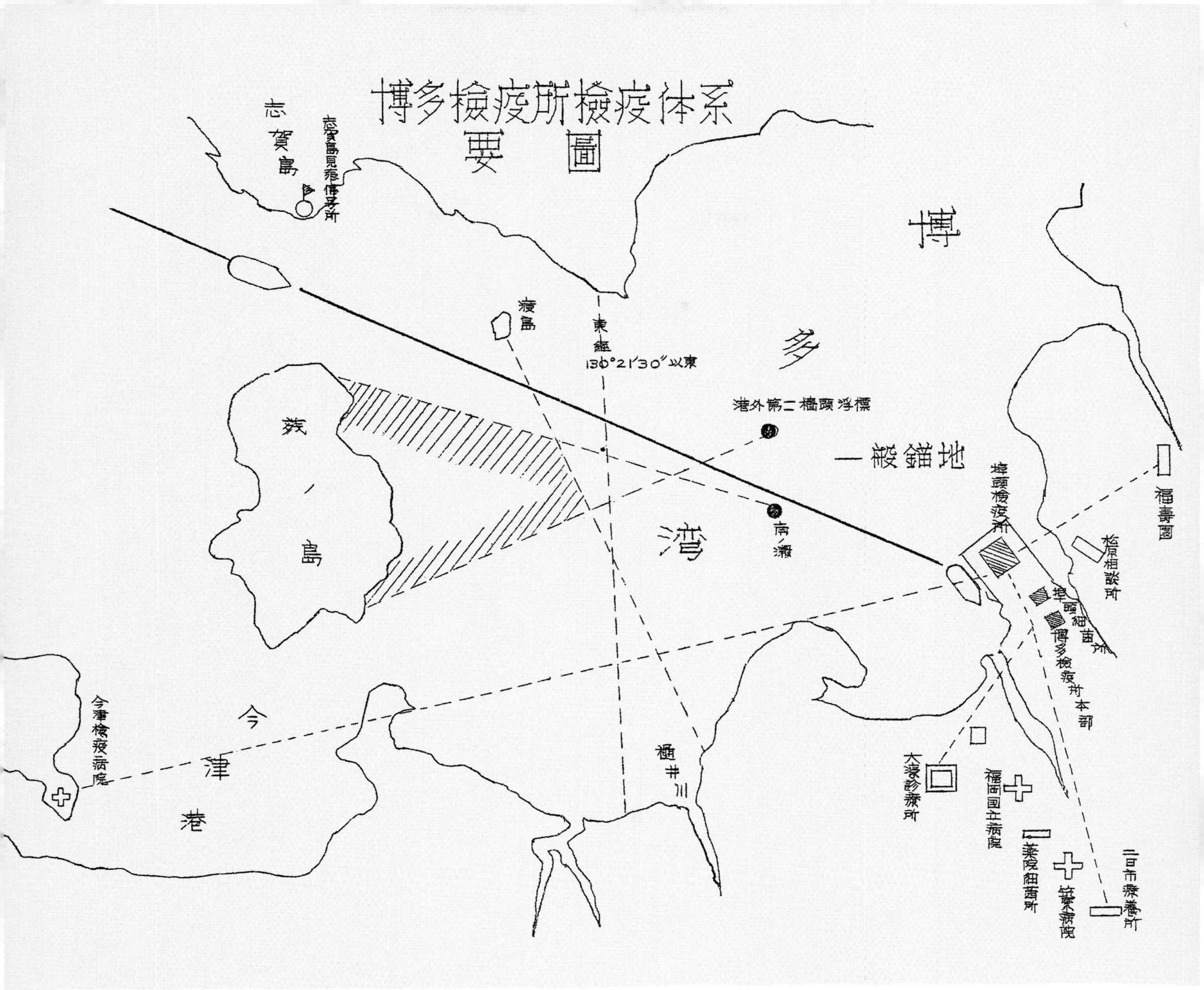

◆**博多検疫所検疫体系要図**　博多港まで、満洲コロ島港からは２～４日、朝鮮半島釜山港からは１～２日かけて到着する。博多湾に入港しても一週間ほど湾内に停泊した後に、上陸をしてＤＤＴや予防注射等を受ける。
［博多引揚援護局局史係『博多引揚援護局史』より転載］

◆**日本赤十字社福岡支部今津療養院**　戦後に今津検疫病院として、引揚者の援護にあたった。写真左は玄関口、右は前庭の風景。
［昭和戦前期の絵葉書／個人蔵］

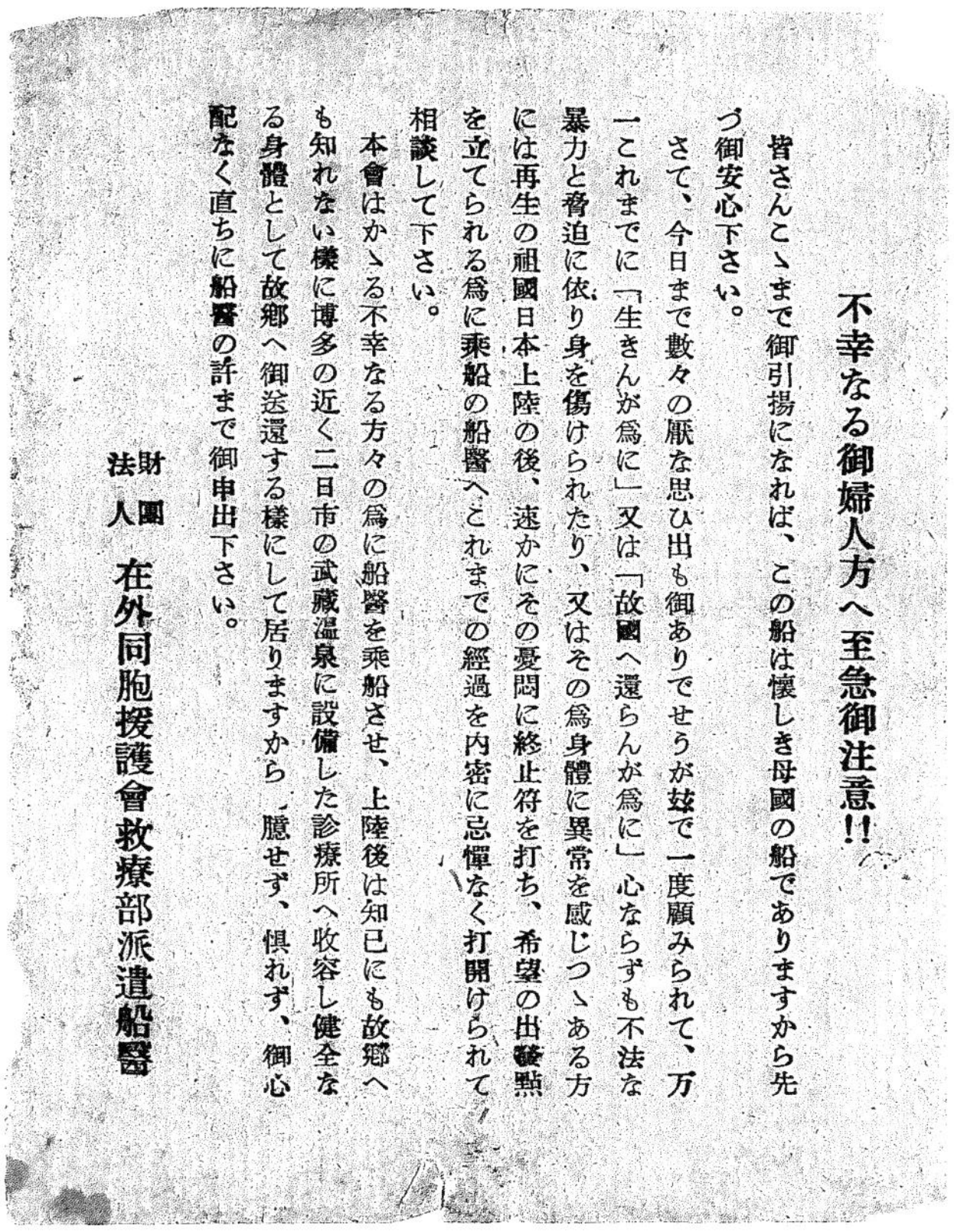

不幸なる御婦人方へ至急御注意!!

皆さんこゝまで御引揚になれば、この船は懐しき母國の船でありますから先づ御安心下さい。

さて、今日まで數々の厭な思ひ出も御ありでせうが玆で一度顧みられて、万一これまでに「生きんが爲に」又は「故國へ還らんが爲に」心ならずも不法な暴力と脅迫に依り身を傷けられたり、又はその爲身體に異常を感じつゝある方には再生の祖國日本上陸の後、速かにその憂悶に終止符を打ち、希望の出發點を立てられる爲に乘船の船醫へこれまでの經過を内密に忌憚なく打開けられて相談して下さい。

本會はかゝる不幸なる方々の爲に船醫を乘船させ、上陸後は知已にも故郷へも知れない樣に博多の近く二日市の武藏溫泉に設備した診療所へ收容し健全なる身體として故郷へ御送還する樣にして居りますから、臆せず、惧れず、御心配なく直ちに船醫の許まで御申出下さい。

財團法人　在外同胞援護會救療部派遣船醫

◆**チラシ「不幸なるご婦人方へ至急ご注意！」（複写）**
昭和21年（1946）４月25日、博多埠頭の検疫所に婦人相談所ができる前、引揚船中で船医（「在外同胞援護会救療部派遣医」）が配ったチラシ。ひとりで思い悩み、船から海へ入水自殺を図る女性もいたという。
［福岡市保健福祉局蔵：博多港引揚目録941］

◆**南面２階病棟**［写真：福岡県済生会二日市病院提供］

◆**愛国婦人会保養所時代の写真**　昭和４年、福岡市の某資産家別荘として建てられた。戦時中に陸軍に接収され軍人の療養所になった後、愛国婦人会の保養所となる。戦後、福岡県に移管され、博多引揚援護局が海外引揚者の療養所として使用した。中央部一階に病院本部入口があった。［写真左／昭和10年頃の写真／個人蔵］

◆**東面原形**［写真：福岡県済生会二日市病院提供］

◆**病院本部入口**［写真：福岡県済生会二日市病院提供］

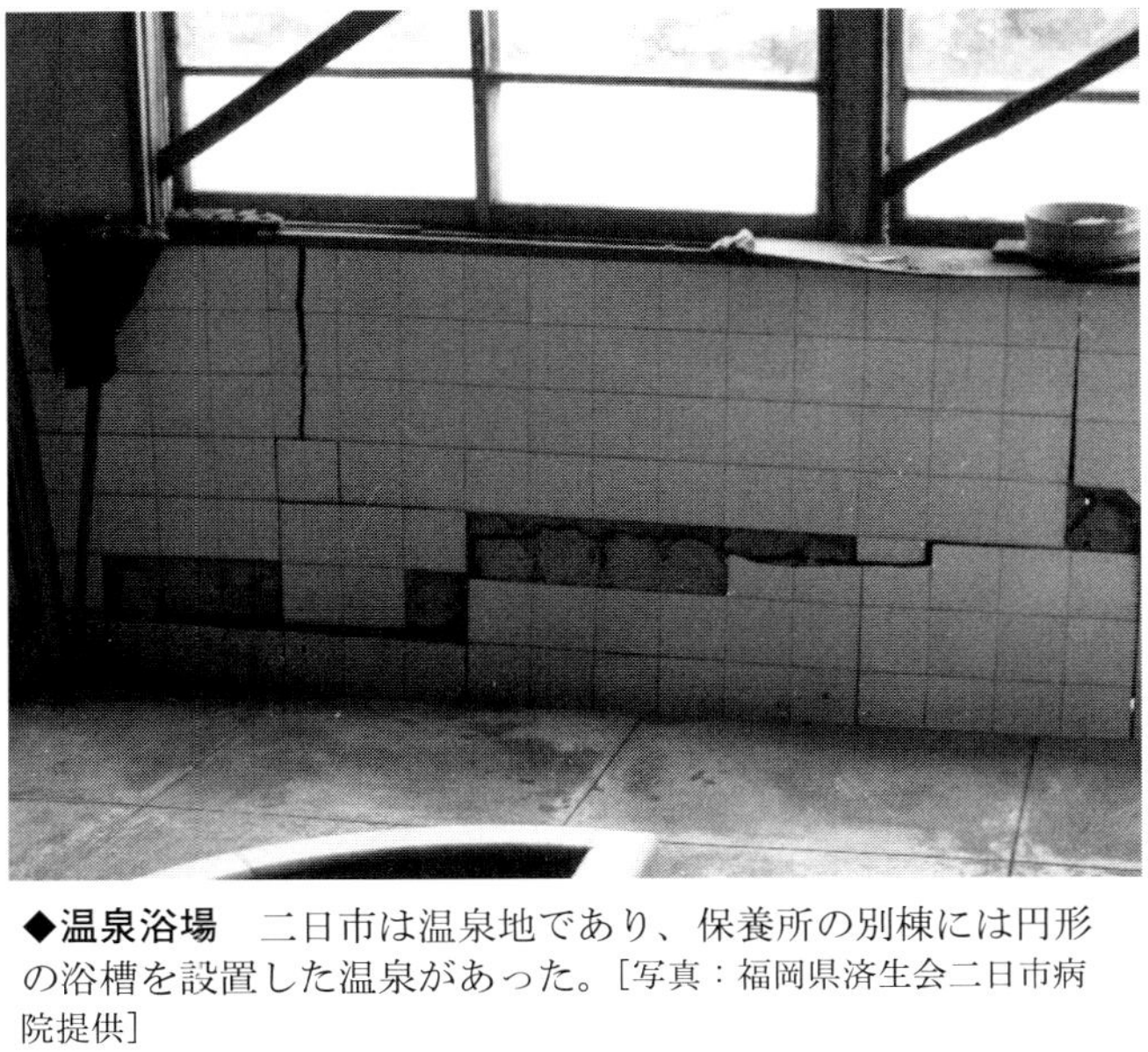

◆**温泉浴場**　二日市は温泉地であり、保養所の別棟には円形の浴槽を設置した温泉があった。［写真：福岡県済生会二日市病院提供］

◆**温泉浴場外観**［写真：福岡県済生会二日市病院提供］

◆**博多港引揚記念碑「那の津往還」正面**　海浜公園として整備され、背景には大島桜が植樹されている。［平成29年4月22日］

VI あれから七十年◎博多港引揚を考える

◆**引揚記念植樹のオオシマザクラ**　平成９年（1997）３月に七団体から七本寄贈された。
［平成29年４月２日／撮影：熊谷佳子］

◆**博多港引揚記念碑**　碑文。［平成29年4月22日］

資料①

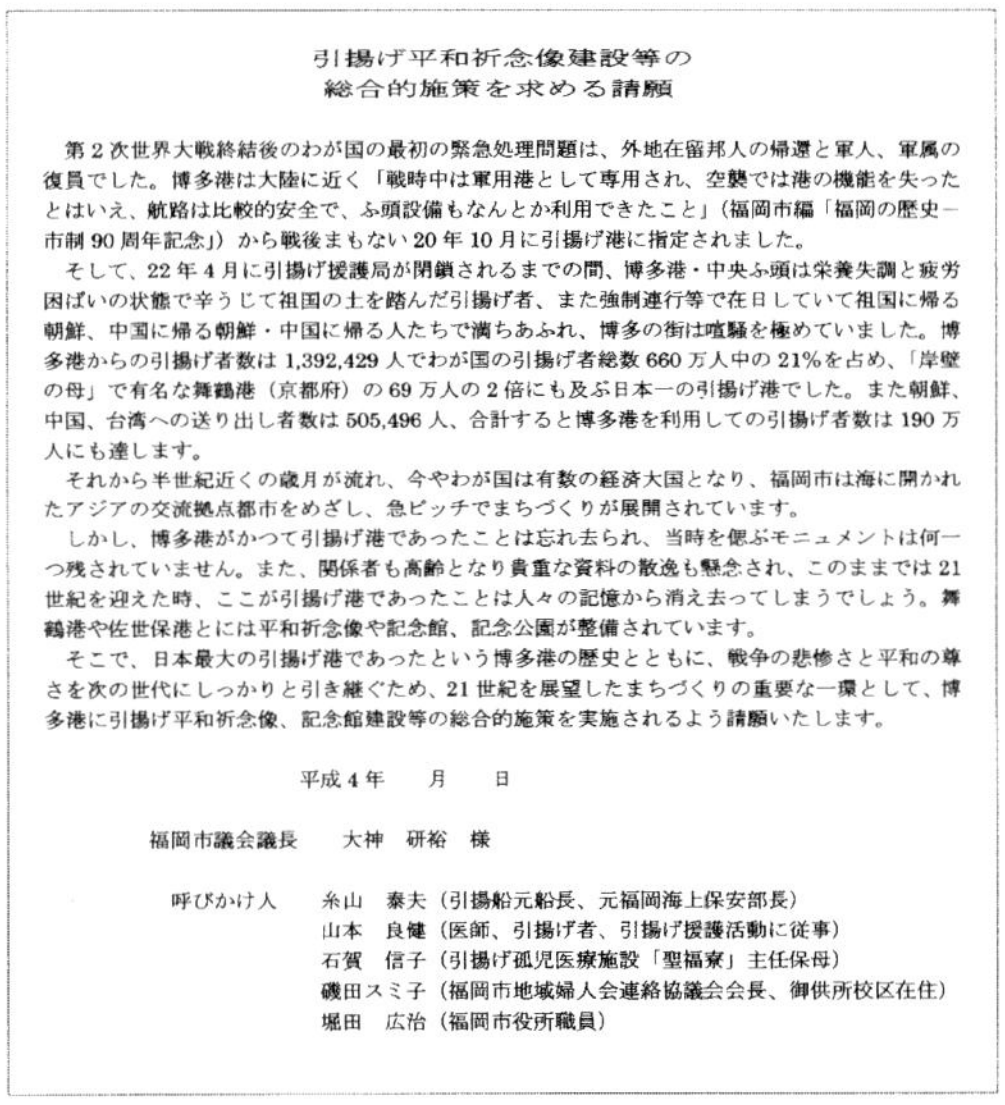

引揚げ平和祈念像建設等の
総合的施策を求める請願

第２次世界大戦終結後のわが国の最初の緊急処理問題は、外地在留邦人の帰還と軍人、軍属の復員でした。博多港は大陸に近く「戦時中は軍用港として専用され、空襲では港の機能を失ったとはいえ、航路は比較的安全で、ふ頭設備もなんとか利用できたこと」（福岡市編「福岡の歴史－市制 90 周年記念」）から戦後まもない 20 年 10 月に引揚げ港に指定されました。

そして、22 年４月に引揚げ援護局が閉鎖されるまでの間、博多港・中央ふ頭は栄養失調と疲労困ぱいの状態で辛うじて祖国の土を踏んだ引揚げ者、また強制連行等で在日していて祖国に帰る朝鮮、中国に帰る朝鮮・中国に帰る人たちで満ちあふれ、博多の街は喧騒を極めていました。博多港からの引揚げ者数は 1,392,429 人でわが国の引揚げ者総数 660 万人中の 21％を占め、「岸壁の母」で有名な舞鶴港（京都府）の 69 万人の２倍にも及ぶ日本一の引揚げ港でした。また朝鮮、中国、台湾への送り出し者数は 505,496 人、合計すると博多港を利用しての引揚げ者数は 190 万人にも達します。

それから半世紀近くの歳月が流れ、今やわが国は有数の経済大国となり、福岡市は海に開かれたアジアの交流拠点都市をめざし、急ピッチでまちづくりが展開されています。

しかし、博多港がかつて引揚げ港であったことは忘れ去られ、当時を偲ぶモニュメントは何一つ残されていません。また、関係者も高齢となり貴重な資料の散逸も懸念され、このままでは 21 世紀を迎えた時、ここが引揚げ港であったことは人々の記憶から消え去ってしまうでしょう。舞鶴港や佐世保港とには平和祈念像や記念館、記念公園が整備されています。

そこで、日本最大の引揚げ港であったという博多港の歴史とともに、戦争の悲惨さと平和の尊さを次の世代にしっかりと引き継ぐため、21 世紀を展望したまちづくりの重要な一環として、博多港に引揚げ平和祈念像、記念館建設等の総合的施策を実施されるよう請願いたします。

平成４年　　月　　日

福岡市議会議長　　大神　研裕　様

呼びかけ人　　糸山　泰夫（引揚船元船長、元福岡海上保安部長）
山本　良健（医師、引揚げ者、引揚げ援護活動に従事）
石賀　信子（引揚げ孤児医療施設「聖福寮」主任保母）
磯田スミ子（福岡市地域婦人会連絡協議会会長、御供所校区在住）
堀田　広治（福岡市役所職員）

◆**請願書**　平成４年（1992）に提出。

この展示会を企画した「引揚げ港・博多を考える集い」（以下「集い」と略記）は、博多港に引揚モニュメント建設の請願をきっかけに誕生しました。

それは、引揚船船長を経験し、昭和六十二年（一九八七）九月三十日付の西日本新聞「地域からの提言」欄に掲載された「『引揚平和記念碑』を」という文をしたためた糸山泰夫氏（元福岡海上保安部長、一九一三～二〇〇九）と、平成二年（一九九〇）、福岡市政策課題研修にて「引揚げ平和祈念像の建設」を提言した堀田広治氏（元福岡市役所職員）が、平成三年（一九九一）五月に出会ったことが「集い」誕生のきっかけとなりました。

その後、「集い」では、学習会、機関紙の発行、「引揚げ平和祈念像建設等」を求める署名運動、福岡市「引揚資料展」への協力など、様々な活動を通じて引揚の事実と平和の尊さを伝える活動を続けてきました。

皆様にとって今回の展示会、そしてこの写真集が、七十年前の博多港での出来事に思いを馳せ、未来への平和について考えるきっかけとなれば幸いです。

［たかすぎ　しお］

2-1 引揚体験

平成二十八年十一月一〜四日のアクロス福岡のフロアで、ギャラリートークを行った。本項では、報告者各位がトークで伝え足りなかったこと、明確な答が出ていなかったこと、シンポジウム等で語られたことも一部追記して記載した。

（出発地の上の黒丸白抜き数字は、著者の出発地。「満洲地域」からは93ページに、朝鮮半島は98ページの地図内に、数字を記した）

九歳の「引揚体験」と二冊の写真集紹介

文責◆山本千恵子

⑬◆十一月一日午前のトーク
◆出発地・朝鮮半島北部咸鏡北道羅南／当時の年齢・九歳

博多港上陸から七十年

皆さま、お早うございます。「引揚げ港・博多を考える集い」の世話人会メンバーの山本です。

本日はようこそ、まだ開場して一時間なんですよね。早々のご来場ありがとうございます。今朝（十一月一日）の西日本新聞社の記事をご覧になったのでしょうか？　引揚者でいらっしゃいますね。実は昨夜十時までかかって、この展示を整えたのでした。そして今、この場でこうして、皆さまにお会いでき、展示を観てくださっている方々もいらして、もう感無量です。「あれから七十年」なのですね。本当に七十年経ちました。

私も博多港に引揚げてきた一三九万人の中の一人です。九歳の時でした。私は朝鮮半島北部の羅南という町で生まれ、敗戦時の国民学校三年生の夏休みまで日本に来たことはなかったので、博多港へ上陸したのが日本への第一歩でした。今年は七十年に因んで、この展示会があります。この展示会が開催できて、それには多くの方々のご協力あって感謝の思いでいっぱいです。

では、私の九歳の時の引揚体験を辿ってみます。昭和二十年の八月十三日早朝、私共家族は、ただならぬ空気の中にいました。父は突然のソ連参戦後の召集により任地へ出発する、母はお腹の子を含む五人の子を連れて、咸鏡北道々庁の指示通りに「ソ連軍の空襲を避ける為、一時、山地へ避難する」という日でした。

天と地がひっくり返ったような、砂ぼこりの中、混雑する道路を何が何だかわからぬまま山地へ向かい、気がついた時は山の中に私たち家族だけが取り残されていたのです。避難用の沢山の荷物を牛の引く車にのせ、現地の人を荷役に雇い運んでもらっていたのに、食糧はもちろん、大切な物の全てを持ち去られていました。八月十五日が過ぎていた時のことです。

◆**家族写真**　羅南時代唯一の、弟が生まれる前の家族写真。引揚げ後に親戚からもらった。前列左から私（6歳）、妹、姉。後列左から叔母、父、母。［昭和17か18年］

外地にいた私たち日本人は、国からは現地に残るようにと棄てられ、羅南へ戻ることも出来ず、難民となり、日本を目指しての引揚逃避行とならざるを得なかったのでした。約三百キロの道のりを二ヵ月かけて野宿を重ね、痛い足をひきずって興南に辿り着きました。ここで二歳の弟が大流行していた発疹チフスで死亡しました。零下二〇度にもなる朝鮮半島北部での越冬生活です。寒さに加え、食糧難・栄養失調などにより死者が相次ぎました。昭和二十一年二月末、母は第五子を死産し、自らも生命尽き、姉、私、妹の女の子三人だけが遺されたのです。

三十八度線からの脱出

春五月、このままでは生きて日本へ還れない、連合国軍管轄の三十八度線を脱出しなければということで私たち三人は挑戦しました。全身金縛り状態で吊り橋状のところを渡るのに、身体は進みません。後々、この恐怖の体験を夢にみて、うなされたことが何度もあります。しかし、そこから博多港迄のことは全然、記憶していないのです。きっと、もう安心して眠れるのだというので乗船した引揚船の中でも、ぐっすり眠り続けていたのに違いないと理解しているのです。こんなふうに船中では安心しきって、ぐっすりと眠っていたのでしょう。ですから、博多港の記憶は、私は、実はあまりはっきりしていないのです。

ここで、皆さまに、この二冊を紹介したくて持参しました。一冊は、この本『在外邦人引揚の記録』（昭和四十五、四十七年、毎日新聞社刊）です。私が乗った引揚船は釜山港発。この展示会では、この真正面の第三章で「釜山日本人世話会」の活動が紹介されています。それらは、この本の中にある写真です。世話会々員だった三宅一美氏[*註1／89ページで紹介]が会の活動を記録する為に撮影され、ていねいに保存され、現在も報道などに活用されている写真です。

もう一冊は葫蘆《コロ》島発の引揚の様子を写された『敗戦・引揚げの慟哭』と題されている飯山達雄氏[*註2／右同]撮影の写真集です。あの当時、日本人が写真を撮ること、まして引揚現場の個人的に撮影などは許されていませんでした。このお二人だけがこうして写してくださっていて、今、私たちは見ることが出来るのです。大きい図書館には、この二冊は必ず在ると思いますので紹介しておきます。

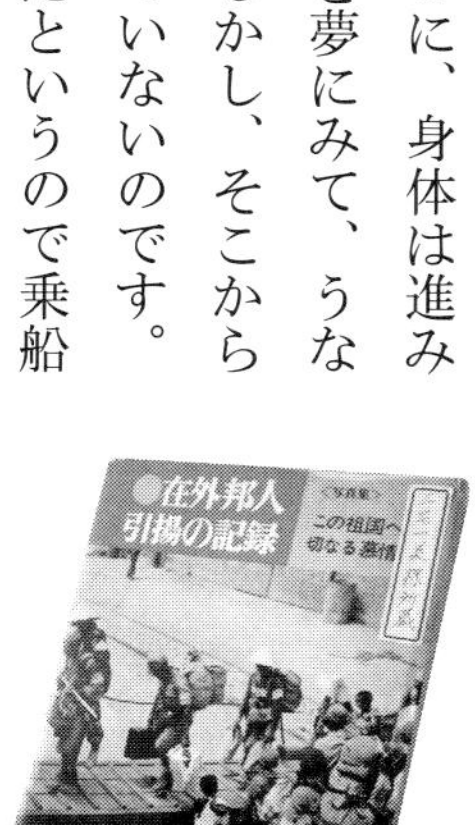

◆『在外邦人引揚の記録』

◆『敗戦・引揚げの慟哭』

この中の一枚、この写真の中に、ご自分たちが写っているのを発見した方（倉地弘子さん）がいらっしゃいます。つい先日、この展示会の準備中に見つかったものですから、何か不思議な御縁を感じているところです。

［やまもとちえこ］

※一日午前のトークは質疑がなく、短時間で終わりました。トーク二度目の三日午後の話と質疑等は89～91ページに掲載しました。

父はシベリヤに五年の抑留、母は子供五人と苦難の逃避行

文責◆高橋恵美子

⑭◆十一月一日午後のトーク
◆出発地・朝鮮半島北部咸鏡南道咸興／当時の年齢・十一歳

シベリヤの父から一通の葉書が届いた

引揚げを死語とはすまじ寒の月　花杖

最近よく耳にする「断捨離」ということば。わが家でも、ご多聞に洩れず、見事とまではゆかずとも娘達が片づけてくれました。ところがその中から在朝鮮時代の写真がたった一枚出てきました。

父は当時、朝鮮半島北部咸鏡南道咸興府での警察官でした。終戦とともに刑務所へ連行され、私たち家族は何度も面会に行きました。その前後の経緯は残念ながら記憶になく、父はその後「シベリヤに抑留されたらしい」との風評のみ。

再会を半ば諦めていましたが、蔭膳は母の日課でした。しかし昭和二十四年、シベリヤから一通の葉書により無事が判明されました（下記写真参照）。それには、明日のわが身をも省みず「こども達に唯勉強を怠らない様に、来春は帰れるかも知れない」と余白のない程の文字でした。父は、その翌年の二十五年、帰国が叶い舞鶴に上陸しました。

後日談にはなりますが、シベリヤでの仕事は、零下三十度、四十度の中を、次々と運ばれてくる死体を埋めるための穴掘り、また病院は炊事班など、苛酷な労働従事の連日だったようです。

父親不在の中、家庭教育その他、一切を母親に託した親心は一生忘れません。

（父母のことを思い三句）

明治の親ありて賜杯に屠蘇を受く
冬銀河望郷というハングル語
埋火やシベリヤ文字の印薄る

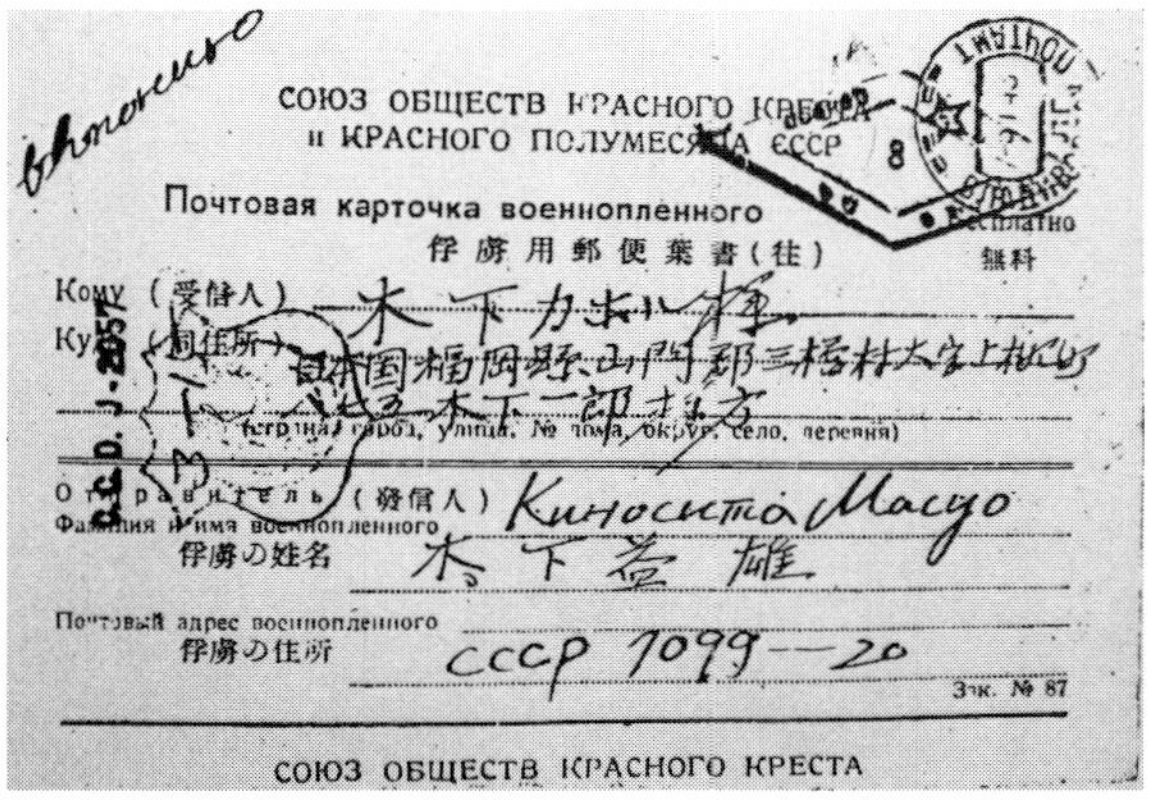

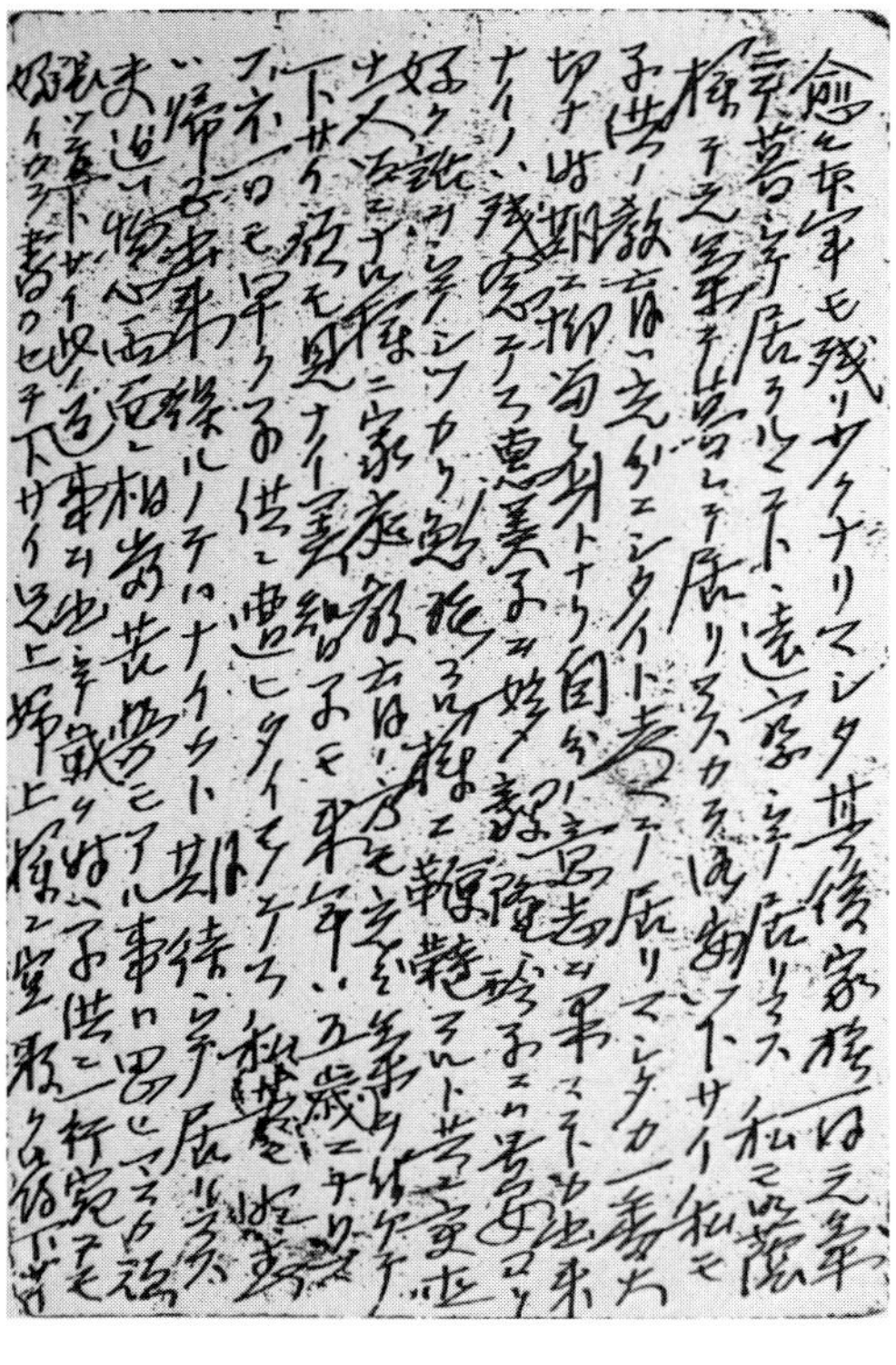

◆**シベリヤからの父の葉書**　父がシベリヤ抑留中、昭和21年（1946）朝鮮半島北部より母子６人引揚げる。父は連日死体埋めの穴掘り他、苛酷な労働に従事。昭和24年（1949）に父から届いた葉書。わが身を省みず〈子供の成長を願い勉強を、家庭教育を〉と母に頼む親心がみえる。［福岡市保健福祉局蔵：博多港引揚目録番号992-2］

母と二男三女の六人二百キロの逃避行

昭和二十一年五月、父不在のままの私たち母子の引揚は、咸興公立国民学校六年生の長女の私、

長男三年生、次男六歳、次女三歳、三女生後三ヵ月の二男三女弟妹でした。（引揚後に四女誕生）母子六人約五十里（二百キロ）の道のりを団体から遅れ、野宿を重ねての逃避行。すし詰めの無蓋車の凄まじさ。母は三ヵ月の赤子を背に三歳の妹、その上わずかばかりの荷物を提げて弟たちの「内地はまだ?」を耳にしながら労苦に堪えたそうです。

私は三十八度線を目前に、大きな河で流した片方の靴の記憶はあります。しかし、帰国後博多港に上陸後のDDT散布で失神してしまい、一週間帰省が遅れたこと等が、あってか当時の記憶は定かではありません。

その後、父の郷里の現柳川市に身を寄せ、父が帰国までの四年間は心身ともに疲弊、多感な少女時代、青春時代を乗り越えました。このように引揚に関しては断片的な記憶しかなく、数字的な事柄はほとんど私の中からは消されています。しかし生ある限り当時のことをふとした瞬間に思い出し続けることでしょう。

戦後七十年、両親の十七回忌とともに、本年（二〇一七）一月に弟（次男）も逝きました。

（また、父母のことを思い三句）

寒椿看取り悔いなき日々なりき

銃口を四方に鉄砲百合匂う

敗戦忌味忘れ得ぬロシヤパン

◆一枚の写真　朝鮮半島在住時に写真館で写った唯一の写真。左から母、父、私。

［昭和11年頃］

引揚の史実を後世に伝える私たちの責任の重さをしみじみと考えさせられる日々です。

五輪までは八十路つながん明けの春

［たかはしえみこ］

◆咸興国民学校時代の恩師　熊本震災後一ヵ月程で逝去（加来栄吉先生）。後列左に親友の秋山さん（在朝鮮当時の友人）。

［平成27年５月28日］

◆朝鮮半島北部の小学生時代の友人とともに
左から畑崎さん、秋山さん、國武さん、私。福岡アクロスで。［平成28年９月16日］

「朝鮮半島南部（現在の大韓民国）」からの引揚——帝国を移動した私達の家族

文責◆熊谷佳子

⑮◆十一月二日と四日午前のトーク
◆出発地・朝鮮半島南部京畿道金浦／当時の年齢・十五歳

内地ではなく日本に？ここは何処？外国なの？

私は敗戦の年の十二月に朝鮮半島南部（現在の大韓民国）の「京城」（現在のソウル市）から、釜山経由で博多港に上陸し、本籍地である岐阜県にリュック一つと、一人千円をもって家族四人で引揚げました。官立京城女子師範学校尋常科三年の十五歳の時でした。

父は郷里に農地を少し残しており、職がなければ農業をするつもりでしたが、戦後の農地改革、不在地主として全て没収され、朝鮮半島に全財産を残し、さらに日本に帰ってきても悪夢にみまわれ、まさに父にとってはダブルパンチの状態でした。農地はわずかな十年国債と、米俵十俵に変わりました。当時、岐阜県に引揚げた三家族の空腹を満たしてくれた貴重な米ではありましたが……。

当時、父の弟が仙崎港に引揚後、博多引揚援護局に就職し、博多港の引揚援護業務に係わっていました。「岐阜に見切りをつけて九州に来たら」と言われて、私達は再びリュック一つで、引揚港であった博多に舞い戻り、現在の私があります。

朝鮮半島南部からの引揚なので、旧「満洲」や朝鮮半島北部（三十八度線以北）からの引揚の方々のように、命に関わるような、また想像を絶するような苦労、悲惨な目にも、さらに越冬するようなこともなく日本に帰って来たのですが、なぜ「引揚」と言われるのか、なぜ一時期にせよ棄民扱いにされたのか、なぜ、生まれた地に定着出来なかったのか……色々と引揚を振り返る時、その背景には祖父母の存在が大きくかかわることも含めて、私の原点だと思っています。

昭和二十年（一九四五）八月十五日、その日は女子師範学校の農場で農作業をしていました。その頃になると学校では勉強らしい勉強はほとんどありませんでした。上級生は教育実習で各地方に動員、または京城大学附属病院に看護実習等に動員。私達下級生は、学校の農場で農作業。空襲に備えて防空頭巾をかぶり、救急袋を肩にかけて避難訓練、教室では雲母剥ぎ作業。今にして思うと、あの雲母は、あの時期、本当に飛行機の絶縁体に使用されていたのか疑わしい限りです。当時は、作業の後に配給されるフカシパンを貰えるのが唯一の楽しみでした。

八月十五日は、「早めに農作業を切り上げて教室に戻り、重大放送を聞くように」とのことでした。校内放送は雑音とともに意味がわからないまま、二階の教室の窓から外を見ていると、今まで国防色一色だった街の様子は白色の人の波、電車にも鈴なりの白い服を着た人々。校庭には現地の男子専門学校の生徒が「マンセー、マンセー」と連呼して押しかけています。この異常な光景で初めて、事の重大さを感じました。

当時、教室は、日本人三分の二、「朝鮮国籍」の人三分の一―成績の良い（両班《ヤンバン》）の生徒―で構成されていましたが、この瞬間、教室の明暗がはっきり分かれました。やがて担任の先生は教室に戻

◆**農作業の一コマ**　官立京城女子師範学校尋常科3年、15歳の私は前列左から二人目。［昭和20年］

って色々話され「日本は戦争に敗れたので皆、日本に帰ることになる……」とおっしゃいました。〈内地ではなく日本に？　ここは何処？　外国なの？〉私の頭の中では先生の言葉が渦を巻き始めました。当然、起こるべくして起きた出来事ではありますが受け入れるのに時間がかかりました。

在学証明書を貰い、帰宅。電車には乗れず溢れる人並みを避け、道の端を妹（当時尋常科一年生）と歩いて家に帰り、その後、学校には二度と戻ることはありませんでした。「京城女子師範学校」は、昭和十年（一九三五）に男子師範から分離して、わずか十年で幕を歴史を閉じたのです。

しかし、現在福岡県柳川市にある白秋記念館に北原白秋作詞、山田耕作作曲の白秋自筆の「京城女子師範学校校歌」が展示されております。

終戦後の金浦の家

当時、実家は、ソウル郊外の金浦《きんぽ》（現在は金浦飛行場のある都市）で商業を営んでいました。当時の金浦の町は大変のどかな所で日本人は警察署に署長以下数名、「面《めん》事務所」（今の区役所のようなところ）に数名、「朝鮮人小学校」に校長以下数名、日本人小学校には校長一人といった日本人の少ない小さな町でした。日本人小学校は一年から六年生まで十人程の生徒が一つの教室で一人の校長に授業を受け、私も妹も、この小学校を卒業しました。

この金浦の町の日本人は引揚のために早々と「京城」（ソウル）に集結してしまったので、日本人は我が家だけになり、父も定着したいという思いを断念したようでした。長年勤めていた「朝鮮国籍」の番頭さんに店の物品、家、土地など譲るつもりでしたが、「日本人の財産は朝鮮のもの」と言われたそうです。「番頭さんには結局、何も残すことは出来ず、気の毒だった」と父は日本に帰ってからも何度も申しておりました。

その頃になると「朝鮮国籍」の復員兵が夜な夜な酒気を帯びて二、三人の若い友人と、我が家に押しかけて来るようになりました。「お前らが俺を兵隊に出したのだろう」と店の物を叩き壊し、大きな泣き声で喚き散らし、ガラスの割れる音が響き恐ろしい思いをした日が幾夜か続きました。

その時は恐怖ばかりが募りましたが、後年になって「日本の軍隊では余程つらい目にあったり、また差別を受けたのだろう」と思いました。それから御存知の方も居られると思いますが、「チョッパリ、チョッパリ」という罵りの言葉も思い出します。「日本人の足袋は先が割れていて動物の足と同じだ」という意味を込めた日本人を軽蔑する言葉だそうです。

九月になり、三歳の妹が亡くなりました。親切な現地の方が「自分の山で火葬したら」と仰いました。父は妹を抱き、線香と数珠、そして小さな陶器の入れ物を持ち、「山手の方で煙りが見えたら家で合掌しなさい」と言い、出かけました。私達は妹の火葬に立ち会うことは出来ませんでした。

◆**日本人小学校**　前から2列目の左端に私。［昭和15年2月］

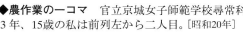

◆林檎果樹園での家族写真　写真左から叔母、祖父、従姉、祖母、伯母、伯父。[大正の初頃の写真]

また、この親切な方は、金浦の町から「京城」に行く手段として近くの漢江《ハンガン》の支流から川舟で夜中に上流の京城に向かうことを提案して下さいました。そこで私達家族は、当座の食糧と荷物を四隻の川舟に積んだ後、私達も荷物と同様に藁ゴザをかぶり、舟底に横たわりました。藁ゴザの間から見える秋の夜空の美しい満天の星に現在おかれている立場も忘れ、しばし感傷にひたりました。

大変お世話になった現地の方が後に「親日」と言われて被害を受けていないか、父はずっと心配して居ました。今でもゴザを見ると当時を思い出します。

私達は、父方も母方も一族ほとんどが朝鮮半島に渡っておりましたので、引揚は十家族以上の大移動でした。時期はそれぞれ異なりますが、仙崎港と博多港へ上陸、それぞれ生活の場を求めて日本各地へ散りました。なかで一家族のみ、早い時期に傭船（漁船）で引揚げたのですが、事故か事件に遭ったらしく戻れませんでした。「ラジオの尋ね人」や新聞広告等で手をつくしましたが不明のままです。

祖父、祖母のことと、「歴史は繰り返す」こと

慶応二年（一八六六）に、岐阜県の一寒村の次男として生まれた祖父は、幼少の頃より好奇心と開拓精神が旺盛であったそうです。二十歳のとき（明治十九年［一八八六］）、当時北海道開発に対する国策に応じて、周囲から「無謀だ！」といわれながらも近隣の友人同志とともに裸一貫で、まず北海道の帯広に移住しました。帯広では永い年月を費やし、また、危険な目にも遭いながら町作りに奔走し、叔母の話では「銭湯まで作ったのよ」と言っていましたので、人口の増加と共に、祖父は北海道での事業を成功させたようです。

明治三十七年（一九〇四）、日露戦争終了後、樺太の開発が始まると、祖父は今度は家族のみを連れて樺太の「大泊」（現在のサハリン島コルサコフ）へと渡りました。樺太で祖父はどのような事業をしていたのか聞いておりませんが、別の叔母の話では「北海道と樺太の雪は違うのよ」とか「ロシア人が馬車で貢ぎ物を積んで持って来たのよ」とか、言っておりました。

その後、韓国併合の翌年、明治四十四年（一九一一）に祖父は三度目の飛躍の地として朝鮮半島を選びました。東洋拓殖株式会社の企画に応じ、金浦の奥地に山林・土地を求め朝鮮半島の樹木の少ない山、禿山に着目して緑化事業指定苗圃場の指定を受けました。この事業は大正から昭和へと続いたそうです。

昭和五年（一九三〇）に、私は、この金浦で生まれました。幼い頃の記憶として畑の中耕除草に大勢の人が働く光景、毎朝ランプの火屋《ほや》を磨く祖母の姿、一日の仕事を終えて家の前の大きな井戸から釣瓶で水を汲み手足を洗った後に、一日の日当をもらって帰る人夫さん達の姿などあります。その他にも果樹園の赤いリンゴ、広い栗林で毬球が落ちてくるのが恐ろしかったこと、豚小屋が臭くて大きな黒豚が恐かったこと等、思い出します。

祖父は昭和十二年（一九三七）に、京城日赤病院で七十三歳の生涯を閉じました。私の七歳のときでした。

祖母は十八歳で結婚、故郷の岐阜を離れ、多くの明治の女がそうであったように、生涯で大勢の子供（十一人生み、七人生存）を産み育て、夫に従順で異なる環境の中で苦労を重ねてきたのですが敗戦。夢にまで見たであろう日本に引揚後、わずか二ヵ月で他界いたしました。

祖父は日本の敗戦を知らないまま、他界したのですが、それはそれで満足な生涯ではなかったかと思います。北海道、樺太、朝鮮半島の地で明治、

大正、昭和と生き抜き、農民のまま、土に生き、土に死んでいった祖父の人生を私は誇りに思っています。

裸一貫で日本を出た祖父母たち、敗戦によってリュック一つで引揚げてきた私達（選択の余地のないものでしたが）の姿を振り返ると「歴史は繰り返す」という運命に似たような言葉を思い出します。

◆父母　母18歳、父28歳。［大正10年頃］

◆家族　妹 美智子（4歳）、母とみ枝（32歳）、私（6歳）。［昭和10年3月24日］

引揚後の生活は厳しいものがありました。父の定収はなく、また私が二度にわたり入院手術、医療費も支払えない状態が続きました。引揚のときに持ってきたリュックの中のめぼしい物を次々と売って困窮を凌いでおりました。

昭和二十二年（一九四七）、戦後の新しい労働省が設置され（現厚生労働省）、労働基準法が施行されました。退院直後でしたが迷うことなく、何もかも諦めて、私は福岡労働基準局に就職しました。三十六年間勤め、退職後は社会保険労務士の資格を取得していたので、知り合いの事務所で約十年程、働かせてもらいました。

日本の高度成長の波の中、仕事、結婚生活と精一杯生きてきて、戦後五十年が経過する頃から、改めて世の中を振り返る余裕が出来ました。「戦争とは、引揚とは」と考えるようになりました。

趣味の箏曲も続け、太宰府天幡宮の「曲水の宴」にも参宴出来ましたし、年齢も重ねました。

そして今「引揚げ港・博多を考える集い」の一員として過去の歴史を忘れないよう、引揚港である博多を忘れないように呼びかける活動に参加しています。

毎年、五月十四日に営まれる二日市の「水子供養」に「京城女子師範学校同窓会」として参加しています。

自分のこと、家族のことと振り返って、心残りがあるのは、祖父母達が樺太から朝鮮半島に渡った時の移動手段が分からないことです。海路、陸路いずれどちらであったのか、誰からも聞いていませんし、私も疑問に感じませんでした。岐阜に居る叔母に聞いたところ「私は朝鮮半島に移ってから生まれたので、知らんわえ」と言うことでした。今は、その叔母も他界しています。

戦争ほど悲惨なものはありません。多くの人々が戦争で大切な命を奪われ、国土は荒廃。国外にいた者も老人、女性、子どもを中心に追われるように現地を離れ、苦労を背負って、日本に帰って来ました。途中、無念にも倒れた者、幼い子どもを残さざるを得なかった親…。あれから七十年、日本の海外侵出も含め、この事実を次の世代の人々に伝えることが出来るのは当時を体験した年代の者です。この事実を風化させないように私たちも御来場の中の引揚体験者の方々も声を上げることが必要かと思います。

今回の展示会のことを新聞、テレビの報道で知り、お出でになった方も多くいらっしゃいます。受付で突然「どちらからの引揚ですか」と、仰り、話が盛り上がった日もありました。

また、二日市中学校の創作劇「帰路」、野間中学校の「引揚げ―忘れちゃいけない真実」のDVDの制作等、若い世代の中の中学生が関心をもっておられることを非常にうれしく思っています。御指導の先生方、及び放送部を指導された田中仁美氏に敬意を表します。

［くまがいよしこ］

外地での生活、そして引揚途中で目撃した珠丸事件

文責◆松崎直子

⑯◆十一月二日と四日午後のトーク
◆出発地・朝鮮半島南部江原道寧越／当時の年齢・七歳

「引揚げ港・博多」という会の名称を見て、「博多港に何かお宝が沈んでいるんですか」と聞く若者がいるという。七十年前の「太平洋戦争」や、日本人の大陸からの「引揚」等が、もう死語となっている昨今、それらの歴史をわずかに体験した年寄りが集まって、平成二十八年（二〇一六）十一月一日から四日にかけて「引揚展示会」を開催した。

博多港に入港した引揚船や、当時の博多の焼け跡の写真等を熱心に見るのは年輩の方ばかりである。「六十代以下の若い人には、これらの写真を見てもよく分からないだろう」と考え、展示を補う意味で、私達数名が会場で体験を話すことになった。

この時、私は、一、外地での生活。二、引揚の体験。三、珠丸事件に大別して話をした。

生まれ故郷は

幼い日、私が住んでいた朝鮮半島寧越の家は庭に泉水があり、その周囲には早生から晩生まで、色々なりんごの木があった。りんごの実る頃、玄関わきの早生りんごを、新聞配達の少年がパッともいで酸っぱそうにかじりながら、門を出て行くのを度々見た。母はそれを知っていても、別に叱ったりはしなかった。

冬になると、毎日オンドルを焚いて家の中は、ほかほかと暖かだった。ある寒い日、庭に面したオンドルの焚き口に白い人がしゃがんでいた。「お母ちゃん、誰か居るよ」と伝えると、母は窓から外を見て何やら食べ物を持って出た。それを渡して何か言っていた。すると薄汚れたチマ・チョゴリを着た痩せたハルモニ（おばあさん）がよろよろと立ち上がり、腰をかがめて出て行った。その後、母は門をがちっと閉め、棒鍵を横に渡した。オーバーを着ないと外出できない寒さの中、彼女はどこへ行ったのだろう。幼い私はそのハルモニが気の毒でいつまでも気にかかった。

この春、私は生まれ故郷を訪ねた。太白山脈の奥深い山あいの町を目指して、うねうねと曲がりくねった一本道をバスで行く。バスの車幅ほどの細道は、対向車が来たらバックできるのだろうかと心配になる。右側には絶壁が聳え、左側は川である。奥へ進むほどに川幅は狭く急流となり、どこまでも続く。対向車どころか、三時間程走る間、

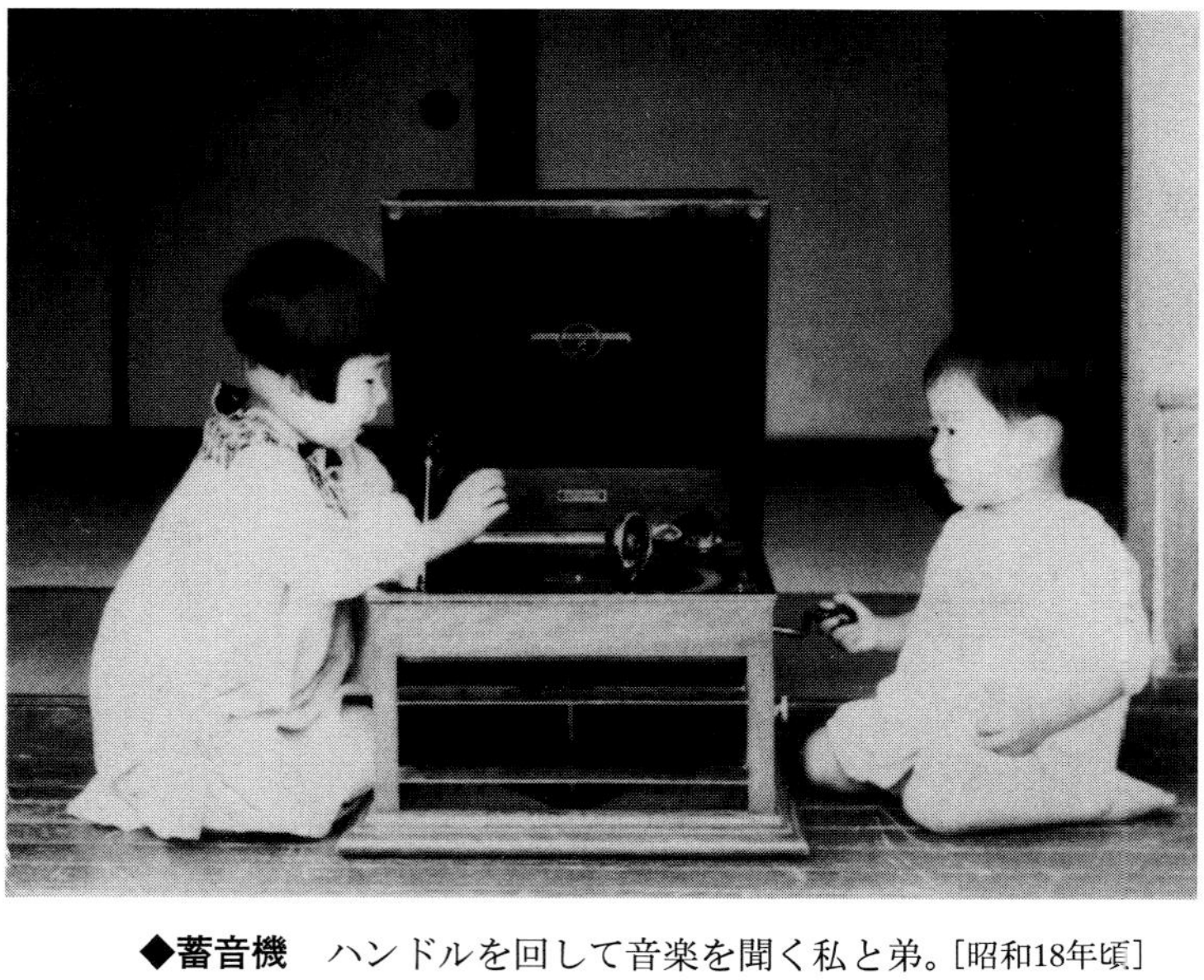

◆蓄音機　ハンドルを回して音楽を聞く私と弟。［昭和18年頃］

◆家族写真　朝鮮半島寧越での一枚、左から母、私（直子）、姉、弟、父。［昭和18年頃］

前にも後にも車とは全く出会わなかった。

突然現われた集落は、想像していた藁葺き屋根の村ではなく、近代的な建物の並ぶ立派な町である。

そこには王族の争いに破れて流された第六代王・端宗がこの地で暮らし、没後はなだらかな緑の丘の上の荘陵に葬られていた。また、放浪の詩人を顕彰した「金笠文化館」があり、その旅姿を象った木彫や銅像がそこここに見られた。日本の松尾芭蕉のような人と見受けられたが、芭蕉と違う所は、弟子など一人も居なかったことだろう。各地に彼の詩に感動する人が居て、彼の行く先々で食を供し、宿を貸したそうだ。国中に知られた優れた詩人だったのであろう。しかし彼はここにたどり着いたところで生涯を終えた。

このような由緒ある町とも知らず、その上昔の面影と重なる場所は何一つ見つからなかった。春になると、りんごの花や桃の花が一斉に咲いたあの家は何処だったのだろう。全て幻となってしまった。

初めて見る日本

昭和二十年（一九四五）八月十五日、日本は戦争に負けた。その日からは、家から一歩も外へ出られなくなった。それは、現地の若者らが大声で「日本人帰れーっ」とシュプレヒコールしながら家を取り囲んでいるからだ。そして「蛍の光」を歌いながら踊っていた。

幼い私にも何事か異変が起こっているくらいは分かった。そこは韓国の山奥の田舎。日本人の家はポツンポツンとしかない。暗くなって若者らが立ち去ると、裏口から近所のオモニが、そっと野菜や卵を持ってきてくれた。母が何度も頭を下げて受取っていた。

こんな日が何日も続いたある朝、私たちは母手作りのリュックに乾パンや水筒、着替えなどを詰め、分厚く重ね着をして一家五人で引揚の途についた。

江原道の寧越から丹陽まで川船で下り、そこから列車に乗る予定である。近くの日本人は、学校の先生、郵便局、警察署などの家族がまとまって釜山へ向かう。だが、もっと北からの帰国者でいっぱいの交通機関はどれも満載で、乗れるバスも列車もない。やっと乗れたのは牛馬運送用の窓のない貨車だった。真っ暗で、どこを走っているかもわからない。

突然、野っ原で止まり、全員線路わきに並ばされ、銃を持った男達に貴金属や宝石などを取られる。こんな事が何回もあり、釜山に着くまで何日もかかったような気がする。釜山港でも数日、日本への船が出るのを待った。市場で七輪と米や魚を買ってきて食事を作り、そのまわりにしゃがんで食べた。夜はコンクリートの上でリュックに寄り掛かって寝た。

こうして日本へ帰りついたのは、十月の終わりになっていた。生まれて初めて見る日本は、驚きの光景だった。港から博多駅の方へ向かって、家らしいものは全くなく、コンクリートの塊と瓦礫ばかりの広っぱである。七歳の私の頭に浮かんだのは「今夜、寝る所はあるのかしら?」だった。

七十一年前になぜこんな事があったのか。なぜ親は隣国に住み、自分は彼の地で生まれたのか。

◆**線路脇の光景**　駅から離れた野っ原で度々停車。牛馬用の真っ暗な貨物列車から降ろされ、銃を突き付ける地元の青年らに荷物を開けさせられ、金品を取り上げられた。［画：松崎直子］

それは日本の海外侵出政策が根底にある。

古くには、先進文明をもたらしてくれた国々に対し日本は侵出を図った。しかし、国の方針で損害を被るのは、いつも一般民衆である。

私は他人から何と言われようと隣の国とは仲良くしたい。そして生まれ故郷を大切にしたいという思いで、韓国の文化にずっとのめり込んでいる。

珠丸のこと

私は朝鮮半島で生まれた。昭和二十年の八月、日本敗戦のとき、七歳だった私は、家族とともに逃げるようにして日本へ向かった。

釜山から日本へ渡るため、私達は韓国の漁船をチャーターしてぎっしりと船底に座り、船べりは海面すれすれの状態で荒海を対馬まで、どうにか行きついた。漁船はそこまでしか行ってくれないので、博多への船が出るまで対馬で待たなければならなかった。その為、対馬には帰国を急ぐ大勢の日本人が、どんどん溜まった。

やっと正式な引揚船の第一号が博多へ向かうと聞いて、大勢の帰国者が荷物をまとめ、喜び勇んで船に乗り込んで行った。だが、私たち家族はその引揚船に乗ることが出来なかった。それは二歳の妹が長旅でお腹をこわし、血便を出していたためである。対馬の病院で、「いま動かせばこの子は死ぬ」と言われ、乗船を諦めたのだ。

その後、間もなく宿の人たちの騒ぎに気付いた。何事かと二階の窓から表の通りを見下ろすと、左側の港の方から、担架や戸板に載せられた遺体らしきものが運ばれていた。始めの数体は筵《むしろ》やゴザ等が掛けられていたが、その後は蔽いもなく、布を巻き付けられていたものや、身体が半分しかないような遺体が、どこかへ慌ただしく運ばれて行くのを私は目を皿にして見ていた。すると後ろから「見るな！」と肩を引っ張られた。母だった。

◆**珠丸遭難者慰霊塔**
対馬歴史民俗史料館横で。

私が見ていたのは今朝、別れた人々の姿だった。公式引揚船第一号の「珠丸」が機雷に触れて爆発沈没したのである。

「戦後対馬三十年史」（対馬新聞社）によると、「乗船名簿と乗組員を合わせて七三〇人が乗船し、触雷爆発して海上に投げ出された人の一八五人が漁船等に救助された」とあるが、当時は帰国を焦る人々がドサクサに紛れて無切符で乗り込み、千人以上が船室や甲板に溢れていたという。実際には、もっと多数の無名の遭難者が、今も対馬海峡の海底に眠ったままである。この事故は終戦直後の混乱期で、広く報道されることもなく、あまり知られていないが、戦後の船舶事故では青函連絡船「洞爺丸」に次ぐ史上二番目の大事故だったそうである。

奇跡的にこの難を逃れた我が家であるが、凄い強運だ、ラッキーだと大っぴらには喜べない。親しかった知人らを失った父母は、辛い思いをしていたのか、この衝撃的な事件を誰にも話すことはなかった。

［まつざきなおこ］

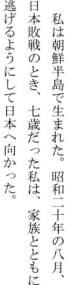

◆受付　左から山本千恵子、高橋恵美子、堀田広治、松崎直子、熊谷佳子、倉地弘子。［平成28年11月3日／撮影：楠本總幸］

◆ギャラリートークのテレビ取材　トークは山本千恵子。［平成28年11月1日／撮影：楠本總幸］

「満洲引揚」──飢えと虱に苦しんだ日々、別れた父と博多港松原寮でドラマのような再会

文責◆倉地弘子

❶
◆十一月三日午後のトーク
◆出発地・旧満洲熱河省承徳／当時の年齢・十歳

敗戦を知る日から

私は、昭和十年（一九三五）に「満洲」の「奉天」（現在の中国瀋陽）で生まれました。父の仕事の関係で承徳に移転し、「承徳在満国民学校」に入学しました。

昭和二十年（一九四五）八月、母と叔母（母の妹）と私の三人は、「ソ連軍が侵入して来るから一時避難するように」と、追われるように家を出て、再び帰って来ることはできませんでした。荷物同様に詰め込まれた汽車で「錦州」の駅までたどり着いた時、ホームにたくさんの軍人が座り込んでいる光景を見て、子供心に「元気のない兵隊さんだな」と思ったのですが、避難途中の汽車の中で終戦を知らされた母達の動揺は激しく、言葉も無く、ただぼう然と立ちすくんでいました。

この先、汽車も動かず、あてもなく、とにかく降ろされて、女学校の教室で集団生活が始まり、飢えと虱《しらみ》に苦しんだ日々の中、終戦になって多くの軍人が殺されたらしい。各地で暴動が起こり暴れ回っているようだと、いろんな噂が広がる。召集されている父の生死もわからず、とにかく何でもいい、今の生活に役立つ物をと、鉄兜《かぶと》や空き缶を子供の私は遊び感覚で拾っていました。

◆家族写真　父、私（３歳）、母。承徳の写真館での一枚。［昭和12年頃］

「ソ連兵が来るぞ、皆教室の中に入れ」と老人が叫ぶ。あわてて中に入り、ひっそりと息をひそめ、いい知れぬ恐怖におびえ体が震える。そんな時に限っておしっこがしたくなる。母が拾って来ている空き缶を出し「これにしなさい」という。

ドアには鍵は掛けてあるが、なんのことはない。大きな靴でけり破って侵入し、時計等を略奪して行くのです。そんな日々が何ヵ月続いたか覚えていませんが、大人たちは立ち上がり、集団生活に見切りをつけ、十人余りの仲間で家を借り、豆腐や焼芋を売り歩いて日銭を稼ぎ、「とにかく日本に帰れるまでは」と頑張りました。

父に抱き上げられ

翌年の春、引揚船が出るとの話でもちきりになり、大人は皆身分証明書のような腕章が与えられ、帰れる日を楽しみに、疲れも忘れて郷里の話に花が咲き、お互いの住所を布に書いてもらい、引揚の日を指折り数えて待っていた頃、大変な事に母の上着が盗まれました。袖に大事な腕章を付けたままだったので、日本に帰るための大切な証明、今でいうパスポートが無くなったのです。「もう引揚船に乗ることができない」と大粒の涙を流した母の元に、仲間が集まり、皆で知恵を絞った末、偽装腕章ができあがりました（左上の写真）。

いよいよ引揚が始まり、難民の大行列はＤＤＴを体の隅々まで容赦なく吹きかけられ、「進め」、「止れ」、と何度もの検問をくぐりぬけ、母の偽造腕章は幸いにばれることなく、やっとの思いで葫蘆《コロ》島から引揚船に乗船することができました。何日航海して博多港の沖に着いたのか定かではありませんが、博多の灯りが遠くに見える沖あいで三日足止めをされ、ようやく上陸することができました。箱崎埠頭あたりだったと思いますが、引揚者のための収容所松原寮へと難民の行進。途中、その行列を一人も見逃すまいと必死で人捜しをしている人を見て叔母が、「あっ、兄さんが」と大声をあげました。その瞬間、私は父に抱き上げられていました。ドラマのような再会でした。

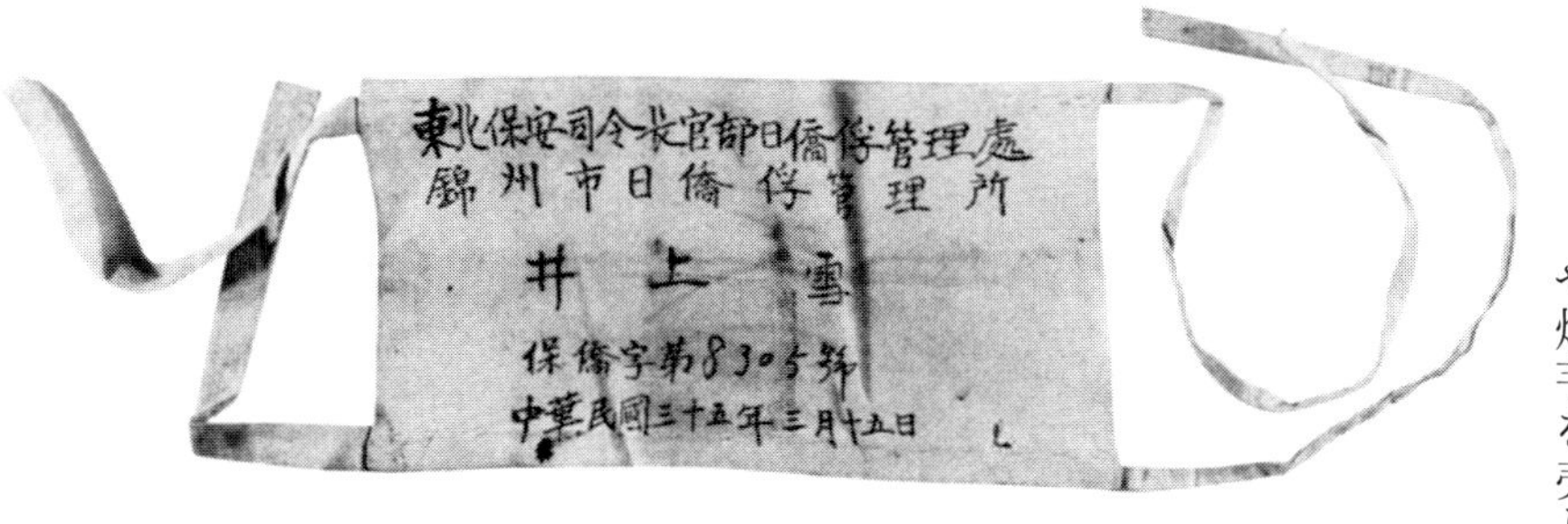

◆引揚者偽腕章（井上雪） 日本に帰るための大切な身分証明だった腕章を付けた上着を盗まれ、愕然とした母の元に引揚げを待つ仲間が集まり、この偽腕章ができた。検問でも見破られることなく、お陰様で母と私は無事に引揚げることができた。［福岡市保健福祉局蔵：博多港引揚目録番号975］

◆承徳の自宅での一枚 左からお手伝いさん、叔母、母。私（７歳）、母の友人。母の親友が赤ちゃんを連れて、遊びに来たときの写真。

◆写真集に倉地さん家族 飯山達雄氏の写真集を見る。倉地さんが指差す所に、とても判りにくい画像がある。それでも当時の様子とお母さんの鼻筋の特徴から70年ぶりに再会することができた。右に松崎さん。
［平成28年11月１日／撮影：楠本總幸］

召集されていた父の方が一足先に日本に帰っていたのです。ラジオで「引揚船が博多港に着く」とのニュースを聞き、探しに来たとのこと、母はただただ涙。この時父は、自分の一生の幸せを全部使って、私達との再会を果たしたのか、この最高の幸せはわずか九ヵ月しか続きませんでした。

　召集され帰国するまでの父は、極度の疲労に体は蝕まれていて、夢にまで見た日本に帰りました。家族もそろって「これから」という時、空腹を満たすこともなく、薬もなく、風邪がもとで帰らぬ人となりました。病床にあって、お見舞いに卵を三個いただきました。これこそ金の卵です。父は「おれはいいから、弘子に食べさせてくれ」と母に頼み、涙しながら亡くなりました。

振り返って

全てを失い、気丈に頑張り、守ってくれた母が亡くなった二年後の平成四年（一九九二）に、中国の承徳に行く旅行に誘われ、四十七年ぶりに、我が家を探し出すことが出来ました。外壁や窓は昔のまま変わっておらず、驚き、懐かしさ、母を連れて来れなかった後悔……ただ呆然と立ちすくみました。

　現在、住んでいらっしゃる老夫婦に、当時の話を聞くことが出来ました。日本人みんなが避難した後、「我先に」と大変な暴動が起き、すべてはぎ取られ、柱と壁しか残らなかったとのことです。

◆47年ぶりの承徳　背景の我が家が残っていた。
［平成４年５月22日／撮影：倉地三郎］

戦後五十周年記念『わたしの戦争体験』を福岡県が募集した時、私の中にある記憶もだんだんと薄れて、何か書き残して置きたいとの思いにかきたてられ投稿しました。歳を重ね忘れてしまっていた引揚時の悲惨さを思い出し、改めて振り返ることが出来、当時を伝える役にたてればと思い、父母の形見となった引揚時の資料等を福岡市に提供しました。

　今年、引揚から七十年、二日市中学校、野間中学校の生徒さん達からの取材に応じ、八月六日の平和集会にも参加させて頂き、その際『敗戦・引揚の慟哭』という写真集の中に、母、叔母、私が写っている姿を見出し、身体が震え血の気が下がっていくのを感じました。偽造腕章で検問をくぐりぬけて乗船し、やっと引揚船に乗り込み、葫蘆《コロ》島を出港した直後の写真でした。「この時の母の感情は…」と思い、涙がとめど無く流れました。「引揚げ港・博多を考える集い」の皆様が長きにわたって引揚の記憶を伝える冊子作り、市への嘆願など、色々な活動をなさって下さり、「集い」の皆様との出会いに沢山の感動を頂きました。心から感謝申し上げます。「あれから七十年」――

「これからは私達が、引揚の記憶を語り継ぐ役目を担う」と、二日市中学校、野間中学校の皆さまの力強い平和宣言を見聞させて頂きました。語り継いで下さる若者が大勢居る安堵感で、最高に嬉しかったです。有難うございました。

［くらちひろこ］

◆野間中学校の生徒さんからの取材　自宅にて。
［平成28年２月18日／撮影：田中仁美］

引揚の背景にある歴史から質疑応答の二項を紹介

文責◆山本千恵子

◆十一月三日午後のトーク

はじめに

私の一回目の十一月一日午前のトークが終わってから、「この会場のパネルのどこかに自分が写っているかもしれませんね。もう一度、始めからじっくり観させてもらいます」と、仰った方がいらっしゃいました。また、その後、期間中、複数回来られた方も何名かいらしゃいました。

二度目の十一月三日午後のトークでは、開始時間前から、かなりの方々が着席して待っていてくださいました。その中にはギャラリートークで感動の発表をしてくださった福岡市立野間中学校放送部の生徒さん達も。それからトーク中にずっと立ったままでお聴きになっていた方が何人もいらっしゃったのです。その中には展示パネル八十枚の全てをお一人で作成してくださった高杉志緒さん（下関短期大学准教授）と「集い」に御協力いただいたデビット・キャリシャーさん（元福岡市総合図書館映像資料課勤務）のお姿もありました。ご紹介したかったのでしたが、固辞なされ割愛しました。

◆引揚げ体験者のギャラリートークに耳を傾ける皆さん
立席者の左から高杉志緒氏、デビット・キャリシャー氏。
［平成28年11月３日／撮影：堀田広治］

トークの始めに参席者にお尋ねしたところ、その殆どは引揚者で、その中の殆どが「満洲」からの引揚の方でした。そこで今回は「満洲」から、葫蘆島経由の引揚者・倉地弘子さんに加わっていただき、司会は「集い」の堀田さんにお願いしました。

皆さんには、十一月一日に紹介した写真集に関連のあるページを開いて見ていただき三宅一美氏[*下記註1]と飯山達雄氏[*下記註2]の二冊の写真集のことをお伝えし、その後、倉地弘子さんからの報告（86～88ページ）がございました。

質疑応答一

まず最初に、歴史にお詳しい女性から「日本人は先の対戦に突入するまでのアジアや世界の動きを知らない人が多い」というご指摘がありました。その通りなのです。続けてその方は「ＡＢＣＤ包囲網」にもふれられました。

あれこれやりとりが交錯したあと、トークの最後で司会の世話人の堀田さんから、まとめのかたちで（当日配布のリーフレット第一章の関連中項を更に詳しく）日露戦争に勝利した日本は余勢をかって韓国と協約を結んだこと、大陸や朝鮮半島での民族運動の中で安重根が伊藤博文を射殺したこと、そして明治四十三年（一九一〇）に韓国を併合し三十四年間、植民地として支配したこと、大陸では張作霖爆殺事件に続き柳条湖事件を起こすなど軍事力を行使し「満洲国」を建国、日本の貧しい農民などを多数集団で移住させたこと、盧溝橋事件や南京事件などを説明、またポツダム宣言をもっと早く受諾していたら、原爆投下もなかったろう

*註1 **三宅一美**（大正四年生～平成二十一年没）釜山日本人世話会会員として活躍するかたわら、当時貴重であったフィルムを米軍等から入手。釜山港引揚の様子を写真に撮影し、一般公開に供した。『在外邦人引揚の記録』（昭和四十五、四十七年、毎日新聞社刊）ほかに著書がある。

*註2 **飯山達雄**（本名　濱田達雄）（明治三十七年生～平成五年没）昭和二十一年、衛生兵の扮装で単身中国コロ島に潜入、取り残されて帰国を待つ民間邦人の惨状を伝えようと命がけで写真に収め、それをＧＨＱに持ち込んだ。写真集『敗戦・引揚の慟哭』（国書刊行会出版、昭和五十四年）ほかに著書がある。

◆ギャラリートークの二人　左から山本、倉地。
［写真上／平成28年11月3日／撮影：高杉志緒］

ということなどまとめて解説がありました。

更に、日本の敗戦による軍人軍属の復員はすみやかに実施され、その一方で民間人の引揚については国を始め「現地定着」としたため大変だった。時にソ連軍管理地域の「満洲」や朝鮮半島北部からの引揚は困難を極めるものとなったことなどを話されました。そうして「あれから七十年」の現在、「日本の政治状況をみると『安保法案』可決など、敗戦当時を知る者は特に危険を感じる方向へ舵が取られていると感じる。ここで改めて、この展示会が戦争のない世界の実現の為、平和な未来が保証される為には何が必要なのかを考えるきっかけになれば幸いです」と締めくくられました。

質疑応答二

野間中学校の生徒さんから、「なぜ、引揚は長い間語られなかったのですか」また「どうして『引揚』と向き合えるようになったのですか」と。

人は戦争や「引揚」などの苛酷な（長期に亘っての）体験をした時、そこから解放されても、すぐには語れるものではないのです、その苛酷さの度合いが強ければ強い程、語れないのです。

かと言って忘れたいと思っても決して忘れることも出来ず、心の奥底にずっと抱え続けて苦しみ続けてもいるのです。

外地に在って、日本敗戦から晴天の霹靂で始まった難民生活をして引揚逃避行体験は、九歳の私には何故なのか、訳のわからない体験でした。家族にたずねることも無く、話し合う余裕も無く、日本での慣れない生活で一日一日を必死に生きていくことで精一杯でもあったのです。子どもの引揚者の殆どがそうだったでしょう。親たち世代もどんなにか大変だったことでしょう。

そこへ何らかの転機があって、やっと「引揚」と向かい合うことができるようになるのですが…。その転機は、戦後五十年、五十五年、六十年の区切りがあってでしょう。その節目は、自分を守って一緒に引揚げて来た方の死、引揚の途上で亡くなられた方々の法要、彼の地で親しかった方に再会できた時、生まれ育った懐かしい土地への訪問、我が家を眼前にした折り、「ふるさと〇〇会」へつながり参会の折、他、いろいろあるでしょう。（倉地さんの報告ではそのところ触れてありますので読みとっていただきますように。）

小学生の女の子三人だけ遺された山本の場合、姉は七十年経った今でも「引揚」を語ることは一切ありません。「語らないこと」自体、母亡きあと母の遺言を一身にうけとめて妹二人を守り通さねばならなかった姉の苦労が如何に大変だったかの証明なのです。姉のように一生話すことのない方々も多いと思います。

◆展示会場で行われたギャラリートーク
聴衆の一般の皆さんと野間中学校の生徒の皆さん。
［写真／平成28年11月3日／撮影：高杉志緒］

姉に守られ、周りの善意の方々のお力添えで引揚げてきた次女の私は、父と一緒に韓国まで旅したことがきっかけとなり戦後五十年を迎えるにあたり早期退職し「引揚げ港・博多を考える集い」の世話人会に加えていただき今日に至っています。

この度、この展示会を転機として、語り、綴り、後世に伝えていってくださる方もきっと出てくださると信じています。お子様やお孫さんたちに伝えていただければと思います。

それから若い世代の方には「話したがらんけん、もうよか」ではなくて、この機に是非とも皆さんから「おばあちゃん、きいておきたいけん、良かったら話してほしいよ」と、転機づくりをしていただければ、と思います。「無理強いのない範囲でおねがいできれば」と。野間中学校や、二日市中学校の生徒さん達が、この戦後七十年に、その取り組みをなさった事に強く励まされ、感動致しております。

評論家樋口恵子さんの著書『人生百年女と男の花ごよみ』の中に「戦後、人の心は戦争体験と格闘をつづけ、ようやく整理がついて当事者が社会に発言するには何十年もの時間がかかったのです。人生百年と言われる長寿を獲得した今こそ、人類史上はじめて、貴重な体験を人間から人間へ継承する時間を手にしたのです。長く生きた者は、その体験を伝えなければならないのです、あやまちを繰り返さない為に」とあります。

［やまもとちえこ］

2-2 引揚と私

会期中のフロアで、引揚者の方々に、御自身の当時の体験と、展示パネルを見た感想とともに書いていただきました。引揚で体験したこと等を書いていただいた言葉の中に、現在の視点では、民族上の問題があっても、個人の考えや見解を尊重し掲載しました。（出発地の上部の黒丸白抜き数字は、著者の出発地。「満洲地域」は93ページに、朝鮮半島は98ページの地図内に、数字を記した）

◆満洲とその周辺地域からの引揚

昭和二十年八月九日から翌年六月までの避難生活

文責◆國武英子（旧姓・加藤）

❷ 出発地◆旧満洲東安省東安［現・密山］→吉林省新京［現・長春］→奉天省奉天［現・瀋陽］
当時の年齢◆十一歳

父の仕事で朝鮮半島北部咸興府の生活から「満洲」へ転校して、水洗トイレのある校舎での冬はスケートに明け暮れの日々。「ソ連参戦」で一転した。避難列車（無蓋）に乗せられて、機銃掃射をあびせられ生きた心地もしない逃避行。横にいた方や坊やが撃たれて亡くなったことなど、思い出さずには居られない。牡丹江で列車から下ろして草をかけて拝んだ事、食べるものも水もなく（水筒の水はすぐなくなった）汚い水を思わず飲んだ事、十一歳の私には思い出しても忘れられない恐ろしい日々。

八月十五日に「奉天」に着き列車から下ろされ、中国人に石や唾をかけられ、日本人会の世話で平和区住吉町の大和ビル四階に八家族十二名が入り、粟やコウリャンのおかゆを食べる日々が続いた。味は塩か味噌。

十一月二十日、三歳の妹は高熱で「りんご頂戴」と言いながら、あっけなく亡くなる。「ソ連兵」の乱暴で外出禁止、階段に枕木七本を並べるあの音は忘れられない。やっと公園に持って行ってもらった妹は、骨も何もない。毎日、日本人会の世話で煙草を売り歩き痩せ痩けた身体に。六月引揚の手続きが始まり、やっと東支那海を三日三晩かかり佐世保に着いた。

後日、俳優の宝田明さん（註・「満洲」ハルピンからの引揚を十二歳で体験）に会う機会があり、煙草売りをした体験を話すことができた。

（今の若者に一言）

食べるものも着替えもない、風呂にも入れず断水の生活。北から三十八度線を越えて南へ無蓋車に乗り、ソ連兵の襲撃を受けて逃げた八月十日～十五日、その後「奉天」(瀋陽)での生活。学用品もなく、厳寒の中いかに生きるか、十一歳の十一ヵ月の苦しい生活。生きることに必死であった日々。多くの人に助けてもらい今がある。

◆私と「博多港引揚」（体験・感想コーナー）の展示
［写真／平成28年11月４日／撮影：堀田広治］

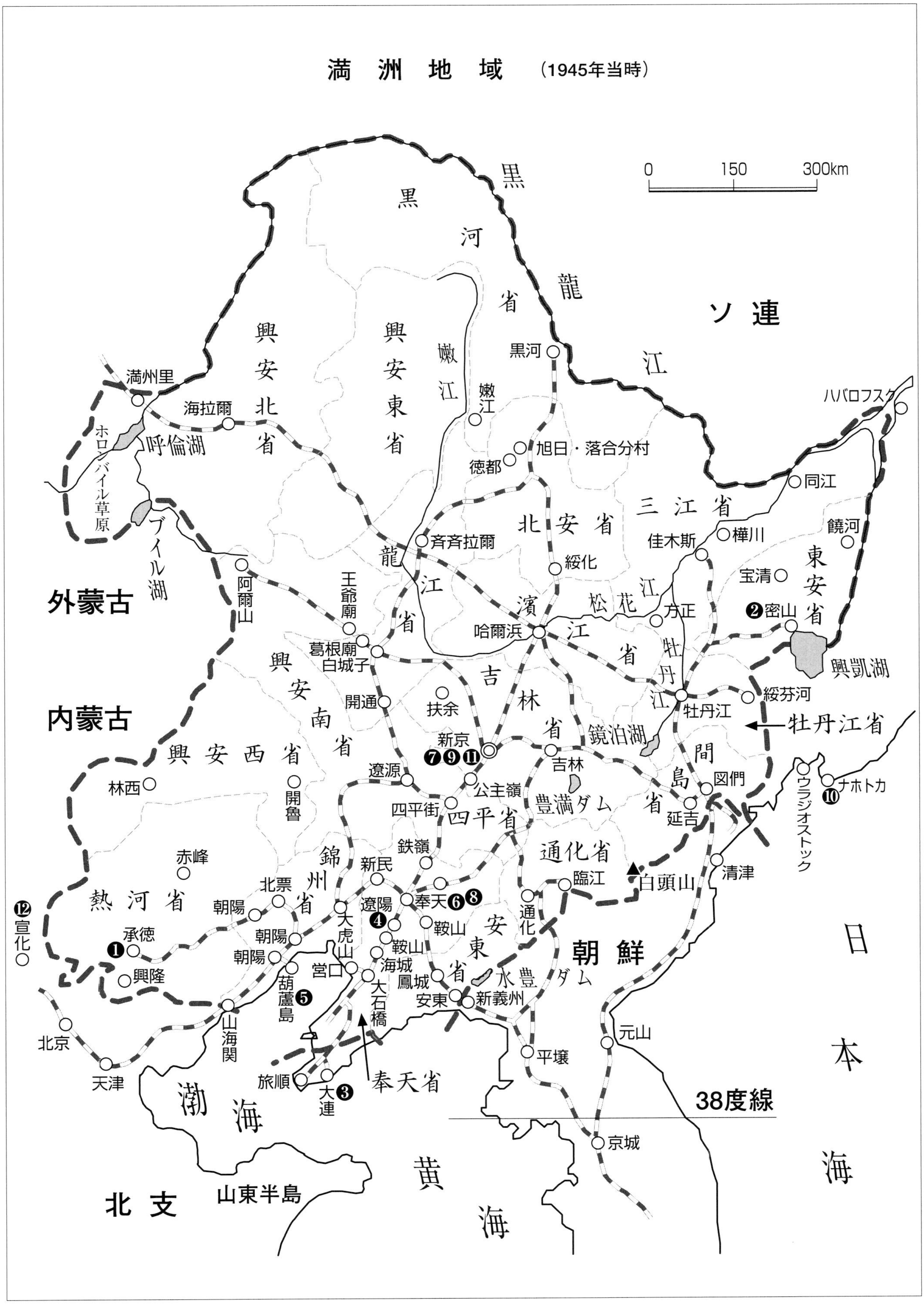

◆「満洲地域」若槻泰雄『戦後引揚げの記録』時事通信社（1995年発行）を参考にして作成した。

◆大連埠頭大玄関より埠頭事務所附近の雑観［昭和戦前期の絵葉書／個人蔵］

博多港に着いたあの日

文責◆松永　薫
❸出発地◆旧満洲遼寧省大連
当時の年齢◆十一歳

昭和二十一年七月、博多港に葫蘆島から引揚船で帰ってきました。あの日「あれが日本だ」と皆で喜びの声をあげていた時、辛い長旅を優しくして頂いたお姉さんが、海に身を投げて死んでしまいました。「ソ連兵」に襲われて妊娠していたからだそうです。当時、小学四年生の私は、どうしたのか解らず泣くだけでした。

博多港上陸の時、両腕を両方からつかまれて注射をされて、体中DDTの粉で真っ白にされ、最後腕に大きな紫色の印を押され、よろけながら船から下りました。戦争での長旅で歩くのがやっとだった母と、鳥栖駅で戴いた大きな米のかしわめしのおにぎりで、母は「やっと日本だね」と言いました。

（今の若者へ一言）

戦争は人生を狂わせる。

頑張れ、船の上は日本だぞ〜

文責◆黒木　弘
❹出発地◆旧満洲奉天省遼陽
当時の年齢◆十八歳

異国にありて敗戦国民となり、情報途絶し不安でいっぱいだった。不幸中の幸いで（私は「満鉄」［註・南満州鉄道株式会社］に勤務していたので）「ソ連軍」の軍用列車の運行に携わり引揚直前まで仕事は続いた。十一月頃、支配者が「ソ連軍」から八路軍に代わり、その後、翌二十一年五月頃、国府軍が進駐して漸くして引揚の目途がついた。

六月二十六日「遼陽駅」を無蓋貨車で出発し、葫蘆島で船に乗るまで九日間を要した。埠頭で老人を助けつつ歩いていると、船の上から屈強な若者が大声で叫んだ「頑張れ、船の上は日本だぞ～」と。体に電流が流れた。幾度となく言い交した合い言葉だった。それは「祖国再建」だった。その船は世界一の幸運艦と言われた駆逐艦「ユキカゼ」だった。

（今の若者に一言）

敗戦国日本を裁いた極東軍事裁判は、裁判という神聖な名称を用いた「日本に対する憎悪と報復でしかない」と私は考える。しかも事後法である。

インドのラダ・ビノード・パール判事は「日本無罪論」を唱え「時が熱狂と偏見をやわらげ、理性が虚偽からその仮面をぎ取った暁には、その時こそ正義の女神はその秤を平衡に保ちながら、過去の賞罰の多くに所を変えることを要求するであろう」と述べている。

日本人よ、自虐心から脱皮せよ。醒めよ日本の朝ぼらけ

引揚と私

（公益財団法人・亀陽文庫能古博物館常務理事）

文責◆西牟田耕治

❺出発地◆旧満洲葫蘆島
当時の年齢◆九歳

博多湾に浮かぶ人口八〇〇〇人の能古島にある民間の小さな博物館で「海外引揚げの記録」を常設展示するようになってやがて十年目を迎える。館の目の前には博多湾が広がり、島の東端海域は現在も続く「外航船舶地」で、検疫待ちの船舶が仮泊する海域に指定されている。

私と母、弟妹三人の五人家族が乗ったリバティ型貨物船が、旧「満洲」葫蘆島からここに着いたのは昭和二十一年（一九四六）の晩秋であった。お尻にガラス棒を突っ込まれる検便などを受け、数日後に父の郷里博多の地を踏んだ。

（今の若者へ一言）

皆さんの間で中国嫌いが増えているそうですが、本当なら残念なことです。日本の近代史を少しでも学び、この歴史を踏まえて友好関係を築こうではありませんか。両国は文化や文字などで共通点が多いことにも、心を配ってくださると幸いです。

戦争を知らない世代の皆様

文責◆川谷千鶴子

❻出発地◆旧満洲奉天省奉天［現・瀋陽］
当時の年齢◆二十二歳

「引揚げ港・博多を考える集い」を発起されました堀田世話人様はじめ会員の皆々様のご厚意を、心より感謝申し上げるとともにお祝い申し上げます。

此度、福岡市有識者の御方様より自分史を希まれまして御縁をいただきました。有識者の御方様のお陰で私のつたなき体験記『徒然』を展示して頂き、感謝申しあげております。戦後七十年の節目と申しますが博多港に引揚げてきました九十代の女性の手記が反響を呼んでいます。戦争による苦難を後世に伝え、悲劇を繰り返してはならないとの体験者たちの願いです。

（今の若者へ一言）

引揚の歴史を後世に語りつぎ、二度と繰り返さないという誓いと平和の大切さを若い世代にかみしめてもらいたい。

若者にひと言

文責◆植松節子（旧姓・坂上）

❼出発地◆旧満洲吉林省新京［現・長春］
当時の年齢◆四歳

一国のリーダーでなく、名もなき一人ひとりが真の平和を考えなければ、間違ったナショナリズムに振り回され、世界各地でやられたらやり返す負の連鎖が繰り返されます。

若い方へお願いしたい。平時にはわからなかった事が、戦時になると国策に不都合な事は排除、弾圧されいつの間にか飲み込まれてしまう事を忘れないでほしい。

平和はどこからやってくるものでなく、つくり出していかなければならない。平和を実現する人として、一人ひとりが生き抜いてほしい。

赤い夕日の「満洲」

文責◆立川四郎

❽ 出発地◆旧満洲奉天省奉天［現・瀋陽］
当時の年齢◆二十二歳

旧「奉天生まれの奉天育ち」の私にとって、「満洲」は故郷である。冬になると運動場は、水をまくと一夜にして凍って待望のスケート場になり、また道路も雪が降った翌日はスケート場に早変わり、夜間スケートをしたものだ。また冬場は何時までも明るく、夕方になると太陽が地平線に隠れる迄、赤い夕日を照らし、全くロマンチックな気持ちになり、青春のひと時を味わった。忘れ難し「満洲」である。

森繁久彌さんの思い出

文責◆橋本佳子

❾ 出発地◆旧満洲吉林省新京［現・長春］
当時の年齢◆十二歳

終戦直後、旧新京の「満洲電々」の社宅で三人のお子さんに「パパ」「ママ」と呼ばせていた若くてモダンな感じのご夫婦がいらして、引揚船の中で子供達を甲板に集めて自作の歌を教えて下さったり、面白いお話をして明るく楽しい時を過ごすように気を配って下さった。

その小父さんが「森繁久彌さんだった」と知ったのは、高校生の頃でした。今でも虫喰いの記憶の中、所どころですがその歌を思い出します。

……♪　そろって発つは　葫蘆島よ、
ピチピチピチリと　寄せる白波　のり越えて
強い良い子を九州へ……

初めの歌詞を思い出せません。二番まであるのですが……。

船は佐世保船舶　Q二九六の貨物船でした。

（今の若者へ一言）

いまの平和な時代に育った人、子育てをしている方は、幸せだと思います。あり余る食物や豊富な品に囲まれ恵まれた環境にありながら、人として大切なものを忘れているように思います。目に見えないもの（例えば我慢する心、思いやり、優しさ、他）、終戦後の国全体が貧しかった頃、今より心は豊かに過ごしていたと思います。

引揚船の乗組員から見た引揚者の喜び

文責◆田中　享

❿ 出発地◆旧ソ連ナホトカ
当時の年齢◆二十歳

私は、昭和二十四年頃に引揚船の恵山丸、栄豊丸の乗組員としてナホトカに二航海しました。岸壁から細い舷梯を登ってくる人々を舷門で迎える私たちに一人の方が「本当に日本に帰れるのか」と尋ねてきました。「あと三日ほどで日本に帰れますよ」と応じると、涙しながら満面に笑顔を見せ、私の手を強く握りしめ「ありがとう」とお礼を言われた時の光景は、今も記憶に残っています。

（今の若者へ一言）

戦後の過酷な日本の現状を認知し、よく考えて今後の指針としてほしい。

小さな記憶、遠い記憶

文責◆藤田道子

⓫ 出発地◆旧満洲吉林省新京［現・長春］
当時の年齢◆十六歳

私の手元に小さな手帖の一枚があります。終戦の翌年、私が十六歳の時に書いた引揚の覚書です。

昭和二十一年八月二十一日、長春（「新京」）を無蓋貨車で発って「奉天」、錦縣を経て、北大営集中営に入り二十六日、コレラ発生で足止めになり、九

奉天の盛商區春日通りの賑ひ
THE BUSINESS CENTRE—KASUGACHO STREET. (MUKDEN)

◆奉天の春日通り［昭和戦前期の絵葉書／個人蔵］

月六日夜、葫蘆《コロ》島からＶＯＩＯに乗船、九日博多沖着、十四日博多港入港、十五日上陸。松原寮に一泊、十六日に解散して父の実家、鳥飼の焼け跡に立つ。これを読むと、七十年前の状況が昨日のことのように目の前に浮かんできます。

（今の若者へ一言）

女学校へ入学した年、太平洋戦争が始まりました。勉強はほとんど無く勤労奉仕が有り、二年生からは学徒動員で勉強は出来ませんでした。引揚げてきてからも、兄や従兄弟には男だから勉強させたいので我慢して欲しいと言われ、学校（高校）をあきらめました。

いまだに残念です。戦争が無かったら……と思います。

内蒙古からの脱出

文責◆末光時枝

⑫ 出発地◆中国華北省内蒙古宣化
当時の年齢◆九歳

昭和十八年、現地除隊した父が龍烟鉄鉱に入社。母と私は博多港から釜山へ渡り、「内蒙古」（現・内モンゴル自治区）宣化へ行きました。昭和二十年八月十五日夕刻に敗戦が伝わりました。八月十八日「ソ連軍」が北方六十キロメートルに侵攻、駐蒙軍響兵団が二十日交戦中、会社の鉱石運搬車で脱出。その後、天津芙蓉小学校で二ヵ月生活。その間チブスや赤痢で六十八人が亡くなり校庭に埋葬。十月二十八日、博多港に引揚げた。水葬もあり、上陸間際に隣りに居た老女が、リュックにもたれたまま亡くなっていました。

（今の若者へ一言）

過去の戦争の歴史を知り、平和が一番大切なことを心にしっかりと刻んで、日本のこれからのあり方を考えて下さい。世界を見るとテロや戦争で多くの人が傷ついています。よく知り、よく考えて、世界が平和になることを願い行動していただけることを願っております。

［会期中の来場者（引揚者）の体験証言から］

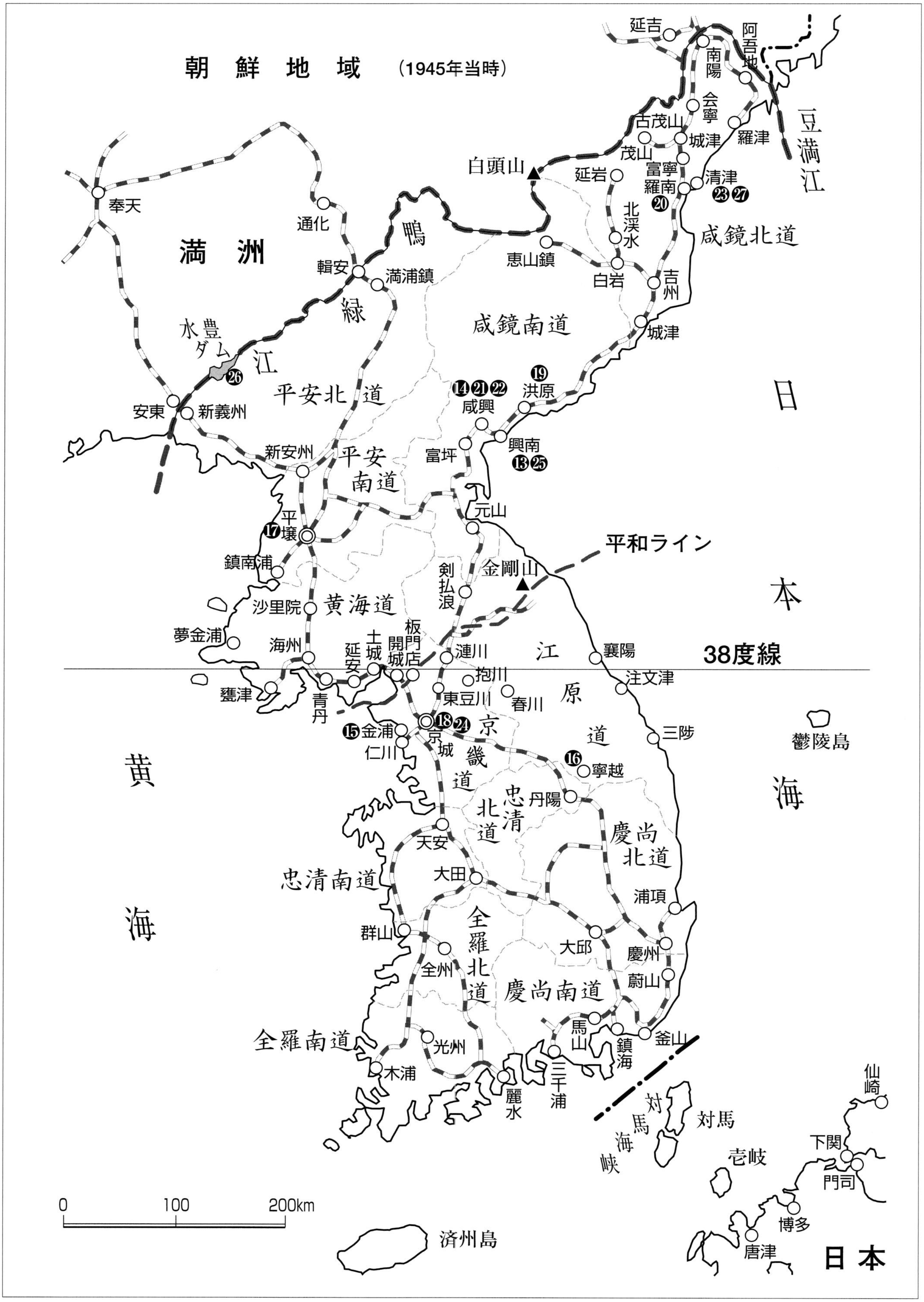

◆「朝鮮地域」若槻泰雄『戦後引揚げの記録』時事通信社（1995年発行）を参考にして作成した。

平壌からの三十八度線越え

文責◆井上和子

⑰ 出発地◆朝鮮半島北部平安南道平壌
当時の年齢◆五歳

第二次大戦で敗北が伝えられる。国外から引揚が始まり、我が家も動きが早まりました。そこで四歳のお雛様の節句、「これが最後なので皆でお風呂で燃やして入りましょう」と、母が言ったのが、幼いながらも悲しかったです。その後、母の言い伝えでは「満洲」から軍人の奥さん達が、朝鮮半島北部の平壌にたどりついて各日本人の家に分かれて入り、我が家には十人余りが引揚まで住んでいました。

夜になるとロシア人が各日本の家に入り女性を手込めにする為、我が家は、母が床の間の板をあげて、その下に女性達を隠しました。天井まで二メートルの高さがあり、そこで朝まで隠れていたそうです。ロシア人が入って来て「日本人は子どもをほったらかして逃げたのか、子どもはそのまま寝かせて逃げたのか」と聞いていました。

その後、軍人の奥さんたちが引揚げて行った後、いよいよ私たちも平壌を後にします。引揚の途中、三十八度線を越えて朝鮮半島南部へ入らないとロシア人が追ってくるとのことでした。四～五歳の私、二～三歳の弟、祖父母、母の五人です。私の背中には小さいながら、自分の衣類をいっぱい入れたリュックを背負って母に手を引かれ、弟は祖父のリュックの上に肩車で、体の弱い祖母は先祖の位牌だけを持っていました。朝鮮半島南部の収容所に早く着かなければばと、後から追われる思いでした。

途中何人も重いリュックを担いだ女性が倒れていて「助けてください」と声をかけているが誰も助けられず、早く収容所へと、みな自分のことでいっぱいだったようですが、幼いながら可哀想に思った記憶があります。無事収容所に着いたとき、最初に「助かった」と思ったことが印象に残っています。今思えば、よく三十八度線を越えたものです。戦争は民間人を巻き込んでいくことを、心にとめておかなくてはいけないと思います。

父母の引揚

文責◆岡本清美

⑱ 出発地◆朝鮮半島南部京畿道京城［現・ソウル］
当時の年齢◆引揚後の誕生

私は戦後生まれですが、父母をはじめ近い親族が「京城」からの引揚者です。幸いなことに無事に引揚げたようでした。父母に何かあれば私もこの世に生まれなかったわけで、大変幸運でした。引揚後、父は聖福病院の初代事務長となり、叔母（母の妹）は二日市病院で働きましたので、引揚や援護の事業には格別の思いがあります。私自身、聖福病院で生まれました。父母や叔母が存命の内に、もっと話を聞いておくべきでした。

朝鮮半島北部洪原から海路脱出した家族

文責◆笹原保博

⑲ 出発地◆朝鮮半島北部咸鏡南道洪原
当時の年齢◆十三歳

終戦の時、私の家族は父母、私、妹、弟二人の六人で、「咸鏡南道洪原邑」に居住していたが、「朝鮮」の人たちの態度が一変したので、漁船（帆船）を雇って、当時取締っていた金日成傘下の治安隊員に現金を握らせ、暗くなって洪原港を脱出した。

途中、三十八度線の所は、沖合約二〇〇メートル位？と思われるところを船倉で四十六名（幼児を含む）の人たちと共に静かに息をころして夜中の通過を見守った。神頼みは「朝鮮人」の船頭であった。朝方、無事通過することが出来、四日後に朝鮮半島南部の注文津に入港することが出来、船頭にお礼を言い、皆さん胸をなで下ろし、全員無事を喜んだ。

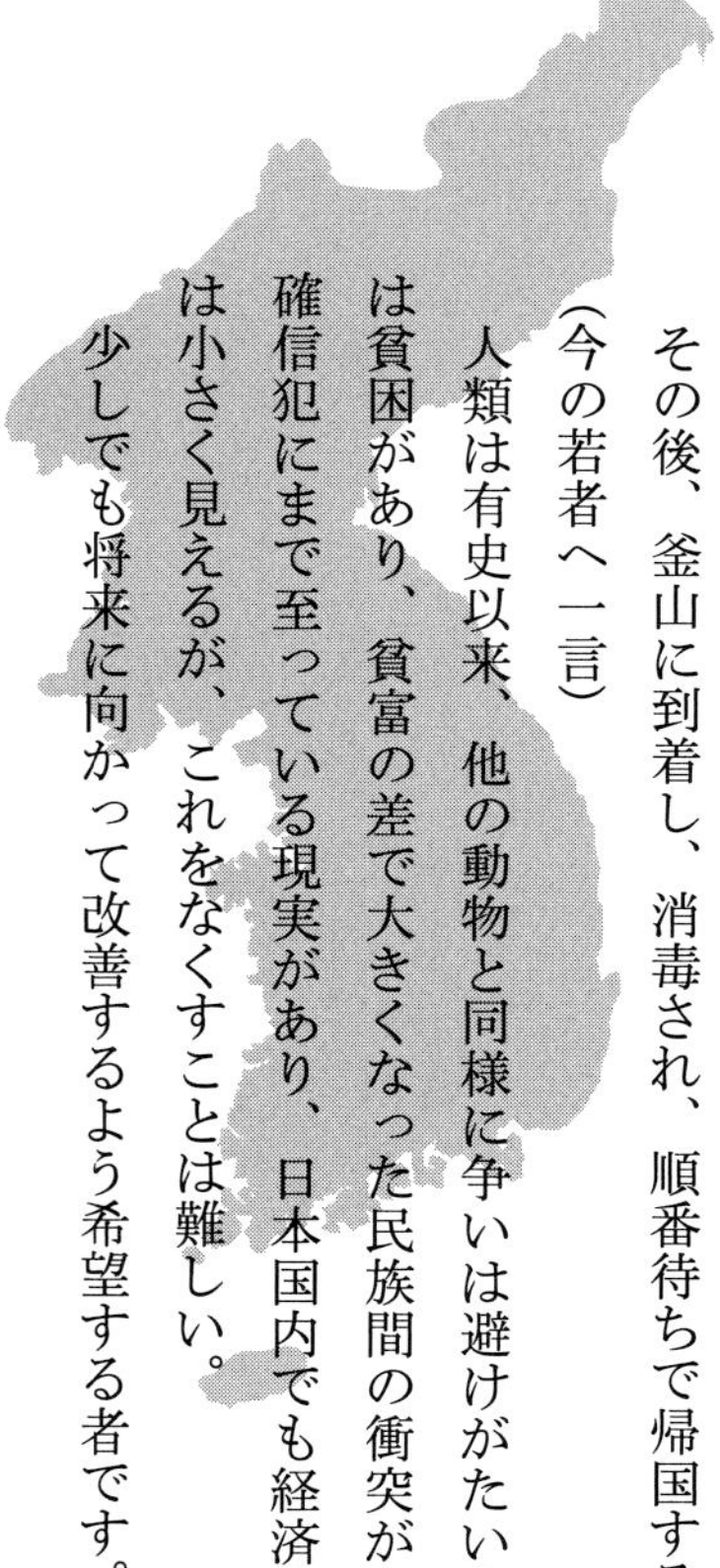

その後、釜山に到着し、消毒され、順番待ちで帰国することが出来た。

（今の若者へ一言）

人類は有史以来、他の動物と同様に争いは避けがたいものがあり、根っこは貧困があり、貧富の差で大きくなった民族間の衝突があり、宗教を含めた確信犯にまで至っている現実があり、日本国内でも経済的な貧富の差で争いは小さく見えるが、これをなくすことは難しい。

少しでも将来に向かって改善するよう希望する者です。

母子家庭、苦難の引揚

文責◆古賀尚子（旧姓・原口）

⑳ 出発地◆朝鮮半島北部咸鏡北道羅南
当時の年齢◆九歳

忘れもしない昭和二十年八月十一日、召集令状がきて入隊前の父を残し、リュックを背負った母と、小学四年生になったばかりの私は二歳の弟を背負い、四歳の弟の手を引いて一時疎開ということで家を後にした私たちは、二度と我が家に帰ることは出来なかった。終戦になったのは疎開五日後、そこから着の身着のままの母子四人の苦難の避難民生活が始まった。

男手のない母子づれはどんどん取り残され、母は毎日弟を背負って歩く肩に帯がくいこんで痛かった。道なき山中を歩き川を渡り、人夫に荷物を持ち逃げされ、ロシア人に略奪された。野宿はよそのテントのすき間にそっともぐりこませてくれた。畳も建具も無い空家を転々とさせられ病院も医者もいない寒さと飢えの中、二歳の弟は死んだ。埋葬されに行く時、母の背からのぞいていた小さな足が今も瞼から去ることはない。帰国時、別れに行ったが埋めた墓地はわからず「母ちゃんと一緒に日本に帰ろうね」と母は泣いた。

「これがもう最後ヨ」。母が肌身はなさず腰に巻き付けていた父の形見の絞りの帯が饅頭十個に化けた。学校の記念写真も家族写真も、亡き弟の写真一枚さえもなく、私の九年間のすべてが無くなった。

あれから七十年、今も北の土に一人残してきた弟に「ゴメンネ」、そして命がけで守り連れ帰ってくれた亡き母に心から感謝、「本当にありがとう」と叫びたい。

（今の若者へ一言）

「♪戦争を知らない子供達♪」歌の文句通り、戦争の恐ろしさも悲惨さも悲しみも飢えも貧しさも知らずに、平和で豊かな今日の日本に育った若者は幸せだ。私の叔父は二十五歳でビルマで戦死、従兄弟は中学生二人が長崎の原爆で亡くなり、叔父叔母三家族も原爆でやられた。私は、男の子五人の孫は絶対戦争にやりたくない。

若い人は戦争や引揚をもっと知って、勉強して自分たちの先祖や若くして散っていった若者や家族に少しでも感謝の気持ちを持ってほしい。平和のありがたさをかみしめてほしい。

朝鮮半島北部咸興から引揚
祖国日本に感謝

文責◆下田京子（旧姓・高浪）

㉑ 出発地◆朝鮮半島北部咸鏡南道咸興
当時の年齢◆十二歳

終戦は十二歳の小学六年生でした。朝鮮半島三十八度線より北、咸興府庁のある町。正式な引揚はなく日本人の生還は考えられない苦難。困難を越え、「勝つまでは欲しがりません」の少女時代、敗戦一夜でどん底の生活へ転落。住居は明け渡し、全財産没収され、父は「朝鮮保安隊」へ連行されました。朝鮮半島北部の冬は十月から極寒、日本人は栄養不良と発疹チフスで死亡、筵《むしろ》包みの屍《しかばね》を山ほど積んだ荷車は、ひと冬で山の谷を埋めたのです。

日本への帰国を念願し、陸地を脱走した日本人の屍が山となっていると恐ろしいデマが飛び、海上脱出の「闇船」は海賊に襲われ、海の中を身一つで陸に這い上がり、アメリカ軍のジープに拾われ、朝鮮半島北部から脱出の一ヵ月後、生まれて初めて見る日本・博多港に上陸。目前は敗戦日本の悲惨な荒涼の中に建つバラックの施設でしたが、祖国があって帰国が出来ました。

◆釜山港　絵葉書には「釜山に於ける海陸連絡設備」とあり、また「下関釜山間の海上は三千六百余りの汽船三隻交替に定期運行し・航海九時間・釜山埠頭停車場に於いて汽車と連結す」と記されている。［昭和戦前期の絵葉書／個人蔵］

引揚者も内地在住者も無からの出発。終戦から七十年を迎えた日本は、みんなで再建した日本です。平和憲法に守られ、戦争が遠い昔の事のように忘れられつつある今日です。戦争によって「一軒の家から必ず父親を、兄弟を」と男性が亡くなっています。不自由をあたりまえと耐え、再興された日本に、祖国に生かされていることに感謝いたしております。

（今の若者へ一言）

一度の人生、尊い命を大切にしてください。天変地異は避けられませんが、平和を念願し戦争は起こさないようにして下さい。子子孫孫のためにも。

三十八度線を越える

文責◆矢野明子

㉒出発地◆朝鮮半島北部咸鏡南道咸興
当時の年齢◆十一歳

—地獄の底のようなぎゅうぎゅう詰めの貨車から降ろされたところから、こんどは徒歩の旅がはじまった。私たちの一行が石ころだらけの坂道を歩いていると、一人のお婆さんが座っていた。私たちの存在を知ると「〇〇子はおらんかい。〇〇子は知らんかい」とたずねる。目が見えないようだ。みんな一瞬立ち止まるが、だまって通り過ぎた。他人のことはどうしようもない。自分のことだけで精一杯なのだ。肩の荷物は重くて食い込むし、足のマメは破れて血が滲んでいる。だれも他人のことに構っていられないのだ。目を伏せても、目を瞑っても、この光景を忘れることはできない。

（今の若者へ一言）

日本にこのような歴史があったことを、どのくらいの人が知っているのでしょうか。あのころ、私たちも何も知りませんでした。気がついたら、そうなっていたのです。

気がついたときは遅いのです。世の中がどう動いているか、たえず目を光らせなければ、危ないときは声を上げなければ。

引揚船の出来事

文責◆友永倬夫

㉓出発地◆朝鮮半島北部咸鏡北道清津
当時の年齢◆十歳

釜山からの引揚船は「こがね丸」。米軍の軍装ながら顔つきは日本人の男性が近付いて来て「君達の様な幼い男の子は、日本語で坊ヤというだろう。小さい女の子は何と言うの?」。「お嬢チャンと言います」。「いや、ありがとう」。「グッナイ」。初めて聞く英語で別れたが、別れ際に丸いチョコレートをもらった。「ソ連兵」の黒パンとは大違いである。終戦間際まで「おやつ」に出た「板チョコ」しか知らないので、丸チョコは珍しく、礼を述べて船室の階段を駆け下りた。

（今の若者へ一言）

海外雄飛。

◆朝鮮半島からの引揚

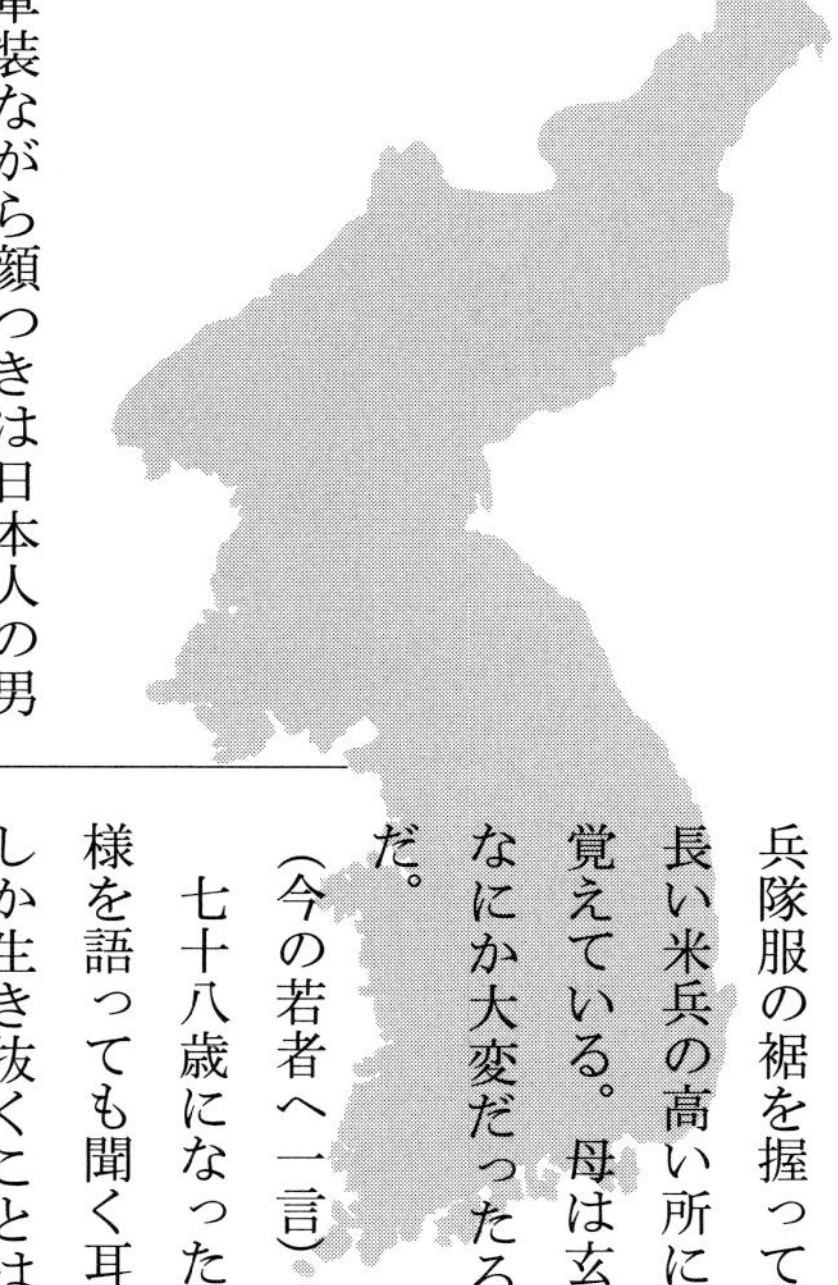

博多港に着く迄の思い出

文責◆兵頭修美

㉔出発地◆朝鮮半島南部京畿道京城（現・ソウル）
当時の年齢◆七歳

昭和二十年十二月、引揚船に乗れそうだというので、家族七人で朝鮮半島南部から貨物列車に乗ったが、突然止まったり動いたりする汽車から、止まるとバラバラと皆が飛び降り、線路わきで大小便を必死ですませ、また慌てて飛び乗らなければならなかった。

釜山では米兵が警棒で乗船チェックをしており、「その数に入らなければ家族といえども分断される」とのデマが飛んでおり、七歳の私は必死で父の兵隊服の裾を握っていた。母は臨月で別の病院車にいた。私はこの時、足の長い米兵の高い所にある大きな尻を見上げて「でかいなあ」と思ったことを覚えている。母は玄界灘の鉱石運搬船上で第五子を出産したのだった。どんなにか大変だったろう、と、今にしてもつくづく思わずにはいられないのだ。

（今の若者へ一言）

七十八歳になった私にも三人の孫がいる。彼らに、この戦後の激しい生き様を語っても聞く耳を持たない。どんな時代でも、結局自分の体力と知力でしか生き抜くことは出来ない、ということだ。「自分以外のものを頼るな、自分の力をみがけ！」と言いたい。

深い感謝と鎮魂の七十年

文責◆馬場幸榮（旧姓・里村）

㉕出発地◆朝鮮半島北部咸鏡南道興南
当時の年齢◆十二歳

私は朝鮮半島北部で終戦避難民となり、収容中に両親と死別し孤児となり、命からがら昭和二十一年に仙崎港に引揚げて来ました。それから七十年、日本は平和で幸せな人生を過ごして参りました。

七十年たっても、一時も忘れられないのは、十歳と七歳で孤児となった二人の従兄妹です。収容所の中で大人にも見捨てられ、食物も水も与えられず、可愛かった子が干からびて小さくなり、誰一人看取る人もなく大雪の中、二人とも死んでいきました。

死体は興南三角山へ、私の両親同様にポーンと投げ捨てられました。先に亡くなった両親に逢えたでしょうか。私は毎朝夕、写真に向かって「お早う。今日もありがとう」と話しかけます。元気をいただきながら感謝です。少しでも良い、今の時代に連れて来たい！ テレビみせたい。美味しい物食べさせたい、腹いっぱい！

「七十年」、大きな感謝と深い鎮魂の日々。来世で逢いましょう。

◆京城商業会議所［昭和戦前期の絵葉書／個人蔵］

私の引揚、国境近くから

文責◆白柿早子（旧姓・高田）

㉖出発地◆朝鮮半島北部平安北道朔州郡水豊
当時の年齢◆二十二歳

夫は六月に召集が来て朝鮮半島南部に入隊。終戦時、私は朝鮮半島北部に妊娠四ヵ月で十二月二日出産。終戦と同時に「朝鮮人」が家のものを全部持ち去った。日本人は皆、寮に連れていかれて、昭和二十一年の七月まで暮らした。七月二十日過ぎから引揚開始。野宿、山宿、渡河、一生懸命でした。二ヵ月かかって三十八度線の開城に到着。アメリカ軍のテント村で約二週間、十月に貨物船サバルト号で博多港へ。コレラのため四、五日間停泊。十一月一日上陸、博多の婦人会のにぎりめしの美味しかったことはいまも忘れません。

戦争は絶対にイヤだ

文責◆森田良則

㉗出発地◆朝鮮半島北部咸鏡北道清津
当時の年齢◆十歳

あの日（昭和二十年八月十三日）、「ソ連軍」の突然の攻撃、上陸により一家五人避難。翌五月やっと博多に帰ってきました。わずかな金と米しか持ち出せず、苦しい毎日でした。途中咸興では避難民が集まり過ぎたとのことで、十二月初めの寒い日、約三五〇〇人が二つ南駅の富坪に強制移住。そこでの生活は地獄でした。飢え、寒さ、伝染病で毎日死者が出ました。

これらの苦労は私たちで終わりにしてください。

戦争は絶対にイヤです。

（今の若者へ一言）

七十年前にこういうことがあったことを理解してください。

［会期中の来場者（引揚者）の体験証言から］

2-3

私のひとこと 次世代へのメッセージ

来場者の方々に、当日のイベントの感想や、ご自身のさまざまな体験、戦争や引揚についての考えを、次世代へのメッセージ「私のひとこと」として書いていただきました。

◆若者達の活動の様子を説明する山本千恵子さん
［写真上／平成28年11月3日／撮影：高杉志緒］

◆次世代へのメッセージ「私のひとこと」を記入する皆さん
［写真左／平成28年11月2日／撮影：堀田広治］

記憶に留まる傷痍軍人の姿

文責◆相戸　力　六十二歳（福岡市中央区）

「引揚」の展示会ありがとうございます。私は戦後生まれで戦争の体験はありませんが、幼い頃、久留米水天宮さんの大祭の折に、白い服をきてアコーディオンを流していた傷痍軍人の方々の姿を記憶に留めています。すごく悲しくて怖い記憶でした。

現在「筑紫地区八・六平和のつどい」の実行委員として、筑紫子ども会議の子どもたち（小一～高校生）の世話を担当し、毎年平和劇を創作、上演しています。二度と戦争をしない、そして誰も戦争で殺したり殺されたりしない社会になってほ

しいと願っています。今日の催しも多くの若者たちに見てほしいと思いました。

学生さんの取り組みに感謝

文責◆浅井延美子　七十八歳（北九州市八幡西区）

私は朝鮮半島の「京城」（現・ソウル）より引揚げて来ました。博多港に。小学校の一年生でした。昭和二十年十一月十五日の七五三の日でした。うっすらとおぼえていますが、もうその頃のことを語り合う人も少なくなり、子供たちに話しても若い世代にはピンとこないことばかりです。

今日の新聞で知りまして、なつかしいのでパネル展を見学させて頂きまして、本当に良かったと思います。学生さんの熱心な取り組みに感謝します。今後ともよろしくお願いします。頑張って次世代に伝えていってくださいネ。ありがとうございました。

知らなかったことにショック

文責◆古賀利治　五十四歳（筑紫野市）

二日市保養所の存在から引揚のことを知りました。何も知らないでいたことにショックを受け、これからしっかりと生きていこうと思いました。

このような機会を作って下さりありがとうございます。宇宙恒久平和を祈り、行動していきます。

◆ギャラリートークで講演する熊谷佳子さん
［写真／平成28年11月４日／撮影：盛多芳子］

平和のありがたさを広げたい

文責◆**安部恙子**　七十七歳（古賀市）

本日は友人から紹介頂き、見学させて頂きました。七十七歳になりますが、戦争中は幼少であり大変怖いことだということは知って（体験して）いました。でも引揚者の実情を生で聞き、こんなに大変だったこと、悲惨だったことを知り、大変貴重な時間を持つことができました。

この平和な時代に育っている若い人達は、もっともっと分からないことだと思います。平和のありがたさ、平和を持ち続ける為に、私たち大人がしっかりしなければならないと思います。戦争を知らない人たちが多くなります。だんだん戦争が起こる雰囲気になっております。

行政が行わなければならないのです。今、持続し繋いでいる方々のお力をお願いし、輪を広げていかねばならないと痛感しました。中学生の参加、心強く思いました。ありがとうございました。

忘れるなかれ

文責◆**石松敏廣**　七十九歳（福岡市南区野多目）

君忘れるなかれ。

戦前、戦中、戦後の日本をぜったいしんでも忘れるな。

再度、言う。忘れるなかれ。

戦争を知らない世代に伝えることが大事

文責◆**井形敏子**

引揚の真実を体験された方から、直に聞かせていただき胸が詰まりました。戦争ができる国に向かっているかに思える現在の動きを思うにつけ、戦争を知らない世代に伝えていくことの大事さを改めて考えさせられました。

そういう意味でも中学生（野間中の発表をきけず残念でしたが）も参加され、深く聞いておられる様子に心強く思えました。

展示が続けられるよう願っています。

平和ほど素晴らしいものはない

文責◆**内山久美子**　八十四歳（直方市）

戦争は絶対にしてはいけません。勝っても負けても、お互いに「傷」つきます。平和ほど素晴らしい（尊い）ことはありません。

当時の日本政府にいいようのない怒り

文責◆**小野裕子**　七十六歳（福岡市東区）

私は昭和十五年に「満洲」で生まれました。当時は幼な心にも豊かでにぎやかな街で、皆笑いさざめいていたように思います。でも、恐ろしい「ソ連」の侵攻で、若い父も兵役にとられ、二十一年には祖父母、母と四人で恐ろしい逃避行の末に引揚船に乗り、博多に帰ってくることができました。

母たちは苦労して手に入れることができた僅かなパンなどを必死で私に食べさせてくれ、自分たちは痩せこけていたようです。私は幼い者の無邪気さで船がうれしく港に着いてからも、海の上にクラゲを見つけてはしゃいだりしたものです。帰

ってからも家があるわけではなく、しばらくは祖父の出身地の熊本の鉄道教習所の空き教室でくらしました。

私がよく病気をしたため熊本の親戚の家に引っ越し、一年おくれて入学しました。のちに福岡で間借りをしながら祖父が仕事を見つけて細々と家族を養い、おかげで私もこの年まで生きることができました。父はずっと後で、政府から「シベリア抑留中病死」という知らせがあり、遺骨も遺品も無いままなんともいえない悲しみを覚え、このようなことの発端となった「満洲国建設」という途方もない事をやってのけた当時の日本政府に、いいようのない怒りを感じます。

他の国を侵略したり痛めつけたりしたら、必ず自分たちも不幸になるのです。今からの人はこのことだけはしっかり心に留めておいてください。

博多港で芋汁の味噌汁

文責◆**井上幸子**　七十一歳（福岡県桂川町）

終戦後、九月十日に朝鮮半島北部で生まれました。私が満一歳のとき博多港に引揚げて来たそうです。博多から実家のある（祖母が留守番をしてくれていたので）熊本県山鹿市に帰り、そのまま山鹿で成長しました。

引揚の話は、両親によく聞いていました。五木寛之さんと一緒だったようです。博多港で芋汁の味噌汁でお迎えがあったようです。

◆第１章「はじめに」の展示パネルの地図に見入る来訪者の皆さん［平成28年11月２日／撮影：堀田広治］

戦争は恐い

文責◆小倉月見　八十一歳（大野城市）

私は昭和二十一年八月一日に博多港に上陸しました。旧「満洲国」の「新京」（現・長春）で生まれ、父の仕事で佳木斯に引っ越しました。佳木斯でソ連の追撃を受け、その日のうちに無蓋車に乗せられて新京に逃げていきました。長春で畳一枚に二人、四畳半に九人入れられて一年暮らしました。その間、家の前では八路（共産党）軍と中央（国民党）軍が戦ってこわい思いをしました。

その後、貨車に乗せられて葫蘆《コロ》島に送られました。その時、兵隊さんが沢山貨車に乗せられソ連に送られ、「頑張って日本に帰れよ」の言葉をかけ、みんな泣いたことを小さいながら（小学校四年）よく覚えています。

戦争は恐い。「満洲」にいた人もみんな頑張って豊かな暮らしをしていたのに、財産も何もかも捨てて、戦争はつらい思い出ばかりです。

自分の歴史がよくわからない

文責◆友永繁行　七十五歳（福岡市博多区）

軍人、軍属の背景は記録として残っているが、一般国民の記録はほとんど忘れられている（記録がない）。私自身、「満洲」（「ソ満」国境）からどのように日本の地にたどりついたか判らず、母親に引揚港だけでも教えてほしいと言ったら、ただ一言「葫蘆島」。

七十歳ころから調べて、本籍県へ問い合わせたら推測として、葫蘆島乗船から二日後に博多港上陸したとのことだった。女子、子供が一番犠牲になり、自分の歴史も推測でしか確認できないあわれさを！

今、再び戦争の足音がそこまで来ていることをどのようにして止めるか考え、二度と日本国で責任を取らないことにならないか考えると心が重くなる。沖縄は日本ではないのか、不思議？！

福岡大空襲のなか逃げまどう

文責◆橋本清史　八十四歳（福岡市中央区）

博多港引揚のことですが、あれもこれも太平洋戦争があったからです。よってなぜ太平洋戦争が起こったか。その歴史、八十年前のことを現代の大人、子供にもよく書きのこしておく必要があります。

私は土居町で、六月十九日夜十一時半の大空襲にあいました。母と二人で防空壕から出て、やっと奈良屋小学校の地下室にいったん逃げ込みました。十分後、木造校舎が焼け落ちるのを見て、ここも危ないと地下の水をくみ上げてびしょびしょにし、バケツに水一杯入れて、その水をかぶりながら、裏門から大きな通りを石城町まで三五〇メートルを、火のトンネルの中を母と逃げました。通りの温度は、摂氏百度はありました。

◆私と「博多港引揚」（体験・感想コーナー）に寄せられた感想文を読む来訪者の皆さん［平成28年11月１日／撮影：堀田広治］

◆展示パネル第１章「はじめに」を見学する来訪者の皆さん
［平成28年11月３日／撮影：堀田広治］

◆展示パネル第１章「はじめに」を見学する来訪者の皆さん
［平成28年11月３日／撮影：堀田広治］

赤坂小学校、警固中学校で、毎年そのことをつぶさにお話しします。戦争は日清、日露戦から満州事変まで、最後は太平洋戦争でした。この歴史を子供たちにちゃんとお話しするべきです。

多感な青年期の人に引揚の歴史を

文責◆**西川みさご**　七十九歳（福岡市城南区）

私は七十代後半の者です。終戦が小学校二年生でした。曲がりなりにも戦中、戦後の私・両親が、また引揚げてこられた方、戦地から帰って来られた方の生活苦、苦労を子供なりに体験しました。

この催しで語られた話を後々まで伝えるためには高校生、大学生など多感な青年期の方々に、出前授業や修学旅行で博多を訪れた学生さんに語るようなことで伝えられたらと思います。

引揚証明書はどこに

文責◆**大坂谷泰雄**　七十一歳（福岡市早良区）

昭和二十一年九月末頃博多港引揚です。引揚証明書が発行された時の行政側の発行簿は保管しているのでしょうか。知りたいです。確認したいです。

歴史に学べ

文責◆**山田眞佐子**　六十一歳（福岡市西区）

二度と同じ過ちは繰り返さない！　歴史に学び、先人に学べ。

引揚船でもらった大きなおにぎり

文責◆花田康子　七十九歳（福岡市博多区）

昨日、テレビで引揚者の写真展があるのをみて、今日は急いできました。私は満州（中国東北部）から博多港に引揚げてきて、ＤＤＴを頭からかけられました。八歳でしたらか細かいことはあまりおぼえていませんが、船の甲板で友達と二人で毎日遊んでいたことをおぼえています。そして船員さんから大きなおにぎりを一つずつもらって食べていました。

父の実家は長崎県南高来郡（今は雲仙市）、そこに着いたときは昭和二十一年五月頃と思います。山がなんてきれいだろうと、子どもながらにそれは鮮明におぼえています。「満洲」では山を見たことはなかったのです。大連の小学校に行っていまして、大都会で桜の花見、潮干狩りと家族で行った思い出があります。

「ソ満」国境の国民学校（小学校）での出来事

文責◆早雲美弘　七十九歳（福岡市早良区）

昭和二十年八月九日、「ソ満」国境の街・黒河は透き通るような真青の晴天の日を迎えていました。黒河国民学校三年であった少年の私たちは、始業時間前の運動で遊んでいました。その時一機の飛行機がブーンという音をさせて飛来した。まだ始業時間前なのにサイレンが鳴り、急いで教室に戻るようアナウンスがありました。

教室に戻ると担任の先生が、子供心にも感じた緊張した態度で「皆さん、今からすぐお家に帰って下さい。今飛んできた飛行機は「ソ連」の飛行機です。「ソ連」が日本に戦争をしかけてきました」。級友はばたばたと学校を出ました。それが最後でした。昭和二十年八月の夏、黒河国民学校三年一組の終わりでした。

それからの逃避行。よくぞ！　今日まで生きたもの。当時の家族は皆鬼籍。私だけが残っている。

五人の子どもを連れて引揚げた義母

文責◆平本つね子　七十二歳（福岡市南区）

涙が止まりません。

私の夫も朝鮮半島からの引揚者ですが、当時の様子を尋ねても「僕は二歳半だったから記憶がない」と言っていました。夫の母は当時三十五歳くらいだったと思われますが、十一歳の長女を筆頭に五人の子を連れて引揚げたそうです。時折り耳にしたことはありましたが、今日展示された資料を目にして改めて義母の苦労に思いを馳せました。夫（義父）も戦死し、戦後の苦労は並大抵のことではなかったと思います。

現在は平和な日本ですが、近い将来はどうなることか心配な面もあります。この悲惨な事実をずっと後世に伝えていかねばと思います。

引揚げの　記憶ないまま　まだ二歳
父の名を　刻む摩文仁の　海の風
花いちもんめ　皆んな誰かに　さらわれた
幸せは　戦争知らぬ　世に育ち

（川柳　楠の会所属）

私たちはどこへ向かうのか

文責◆松村佳子　四十九歳（福岡市南区）

野間中の皆さんへ。午前中に来られなかったので見れなかったけど、ぜひ見たり聞いたりしたいです。

これからもよろしくお願いします。

私も微力ながら、何かしようと思います。

戦争がなぜ起きたか、考えるべきだと思います。

…ＨＩＲＯＳＨＩＭＡ…ＮＡＧＡＳＡＫＩ…スリーマイル…チェルノブイリ…福島…これからどこへ。

私たちはどこへ向かっているのだろうか？　という疑問があります。

博多港引揚記念館の建設を願う

文責◆山田輝幸　六十三歳（福岡市西区）

佐世保と並んで引揚者の多数を引き受けた博多港。その悲惨な歴史と現実を決して忘れてはならない。舞鶴の引揚記念館のようにこの歴史を伝え、将来の日本を背負う人に伝えていく施設の設置が

◆引揚関連の書籍での来訪者の皆さん
［平成28年11月３日／撮影：堀田広治］

◆引揚関連の書籍での来訪者の皆さん
［平成28年11月３日／撮影：堀田広治］

◆展示パネル第Ⅲ章「復員・引揚」コーナーの図表を見学する来訪者の方［平成28年11月２日／撮影：堀田広治］

急務であると考える。

政府のおえら方が、またぞろ戦争の歴史を忘れて危険な道に進もうと感じられる今こそ、引揚記念館の建設を願う。

親に聞き忘れたことが悔やまれる

文責◆**末吉勝弘**　七十七歳（福岡市中央区）

昭和二十一年九月頃、「満洲」より引揚げて来ました。七歳になる直前でした。父母、姉、妹、弟。弟は生後二ヵ月足らずで首も据わらず、背負われたまま無事に一家帰国しました。断片的な記憶しかありませんが、歩いたり貨車に乗ったりした記憶はあります。

船は貨物船の船底と思われるところに大勢の人がいましたが、話し声はほとんどなく静かで、食事時になりタラップを降りてくる食事を運ぶ人の足音がはっきり聞こえるほどでした。今までおとなしく黙っていた三歳の妹が「あっ、ごはん」と、その時だけは嬉しそうに叫んだのをはっきり覚えています。コウリャンとうすい味噌汁でしたが美味しかった。引揚港がどこだったか今となっては分かりません。

親に聞き忘れたことが今となって悔やまれます。上陸してから汽車（貨物車）に乗った時間が、短かった記憶からして、博多港に違いないと思っています。

行動を起こす時代

文責◆**津田明子**　七十三歳（福岡市中央区）

次世代よりも私たち世代とも考え、行動を起こす時代の昨今です。生きている間に何を！　すべきか問題です。

◆**「引揚げ」をテーマに、映像（テレビ）番組を作成した野間中学校放送部**　アクロス福岡の展示会場でのギャラリートークでは中学生たちが番組作りを通して感じたこと、学んだこと、今後の課題などを発表した。［写真／平成28年11月3日午前／撮影：堀田広治］

2-4

◆「あれから七十年―博多港引揚を考える」ギャラリートーク／会場・アクロス福岡二階交流ギャラリー／日時・平成二十八年十一月三日

未来へ語り継ぐ若者達

福岡市立野間中学校放送部の「引揚」に関する映像番組。
九州大学の「アジア太平洋カレッジ」。
筑紫野市立二日市中学校の「帰路」の演劇。

田中仁美

文責◆野間中学校放送部　外部指導員（当時）

《あいさつ》

白石　皆さん、こんにちは。野間中学校放送部です。きょうは、このような貴重な場を設けていただきありがとうございます。どうぞよろしくお願いします。

加々見　最初に、私たちが作った映像番組をご覧いただきたいと思います。この番組は、引揚をテーマに作った八分間の番組です。今年（平成二十八）七〜八月にかけて行われた中学校放送コンテストに出品しました。NHK杯全国中学生放送コンテストでは優良賞を受賞した作品です。では、ご覧ください。

「引揚げ　知らなきゃいけない真実」上映
113〜114ページに映像の一部を掲載

番組作りを通して学んだこと

野瀬　この番組は、引揚体験者の皆さんのお話を聞いたり、資料を読んだりする中で、私たち自身が引揚について学んで、戦争の愚かさや平和の大切さを未来に伝えたいというメッセージを込めて制作しました。

西谷　これから発表することは、大きく分けて五つです。一つめは、この「引揚げ　知らなきゃいけない真実」を作るきっかけ。二つめは、引揚について知るために私たちが行った取り組み。三

◆引揚者の森下昭子さんから直接、体験談をうかがう。

◆平成28年度制作「引揚げ 知らなきゃいけない真実」（８分）。

◆通称「ふくふくプラザ」に設けられている引揚資料展示場。

◆敗戦当時、日本人口の約１割が海外で過ごしていたことを知る。

◆引揚げ当時の記録写真や資料を展示している。

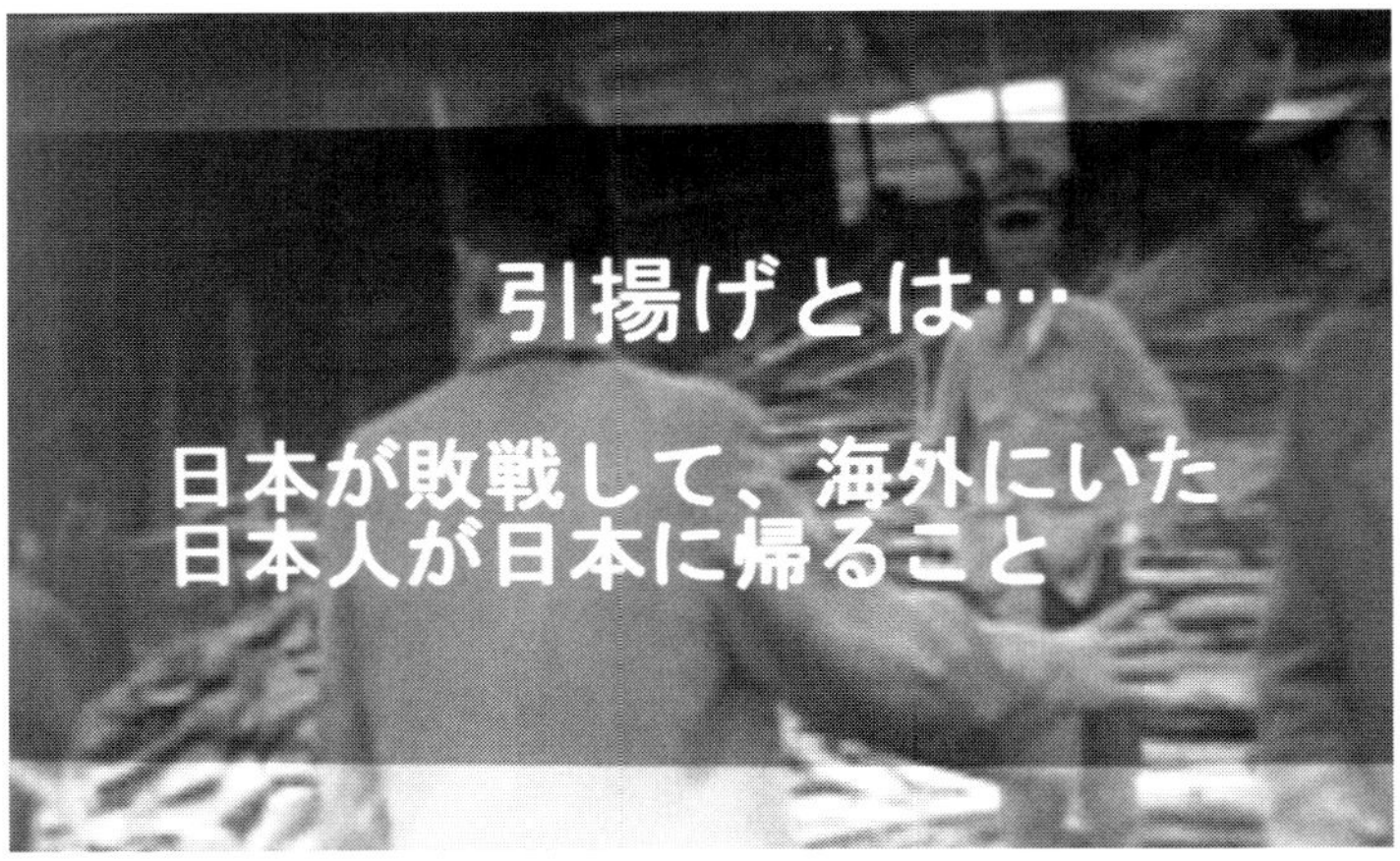

◆なぜ引揚げが行われたのか、その背景にも理解を深めた。

つめは、番組作りを通して、新しく知ったことや感じたことや学んだこと。四つめは、番組作りの中で新たに見つけた課題や問題点。そして五つめは、今後私たちができることについてです。

白石　まず、番組を作ろうと思ったきっかけを紹介します。

昨年（平成二十七）に、先輩たちが戦後七十年に関する番組を作りました。その中で「引揚」という、耳慣れない言葉に出会いました。この引揚という言葉に興味を持ったのがきっかけです。

野瀬　次に、引揚について知るために行った私たち自身の取り組みを紹介します。

まずは、顧問の先生方のご協力をいただきながら、引揚に関する資料を図書館などから借りてきました。そこで初めて、戦争が終わった後、引揚という歴史があったことを知りました。しかし、遠い昔の話のようで、よく分からなかったのが正直な感想です。また、両親に聞いてみても、「引揚という言葉は知っているが、具体的に何が行われていたかは分からない」と言われました。

読んだ資料の中には、戦争五十年を機に作られた「引揚げを憶う―アジアの平和と友好を求めて」がありました。その資料を作っていたのは、「引揚げ港・博多を考える集い」の皆さんでした。早速、代表の森下昭子さんに連絡を取りました。

そして、実際に引揚者のお話をうかがうことができました。七十年前のことですが、体験した人から話を聞くことができ、少し身近に感じること

◆展示資料から、当時の様子や人々の気持ちを想像する。

◆引揚者の財産と思いを詰め込んだリュック。その辛苦を知る。

◆戦争の愚かさと平和の尊さを未来に語りついでいく。

ができました。森下さんの他にも、番組でご紹介した通り、小林さんと西牟田さんからもお話をうかがうことができました。

加々見　一方、福岡市中央区荒戸にある、福岡市市民福祉プラザ（ふくふくプラザ）の資料展示スペースや、能古島にある能古博物館の別館に常設されている「海外引揚の記憶（引揚資料室）」と、博多埠頭にある引揚記念碑「那ノ津往還」へ行きました。

ふくふくプラザでは、わかりやすい資料で引揚の歴史を知ることができました。能古博物館では、引揚者の方が実際に使ったリュックを背負わせていただき、当時の様子をほんの少し想像することができました。これらの施設については、森下さんから教えてもらったりネットで調べたりして分かりました。

私たちが引揚について知り、理解を深めることができたのも、「引揚げ港・博多を考える集い」のご協力のおかげです。引揚のことを知ることができる施設や、歴史を語り継ぐ「集い」の存在はとても大きいと実感しました。

野瀬　次に、番組作りを通して、知ったこと、感じたこと、考えたことを各自発表したいと思います。

私は、一般の人が犠牲になる戦争の悲惨さ、おろかさを知ったのと同時に、七十年経った今、風化しつつある歴史だということにも気づき、今後、伝えていかなければいけないと感じました。

加々見　番組の取材を通して、まず引揚という言葉自体を知ることができました。また、取材の中で、日本人だけが被害者ではなくて、海外の人たちにも、とても大きな影響を与えていて、戦争は悪い影響しかないものなんだということを知りました。私はこのことを知って、後世の人たちに伝えていかなければいけないと思いました。

白石　私は番組作りに直接関わっていません。でも、番組作りを通して、何の罪もない赤ちゃんが殺されたり、小さな子供が重い荷物を持って歩いたりするなど、苦労して日本に帰ってきたことを知りました。今では考えられないことが行われていて、今の時代が平和なんだと改めて実感しました。

西谷　私も番組には直接関わっていませんが、この番組を見て、初めて「引揚」という言葉を知りました。引揚を詳しく知る中で、戦争では、実際に戦争で戦った人たちだけでなく、一般の市民が大勢犠牲になっていたことを知りました。また、引揚げは戦争が終わった後も、人々の命や希望を奪った、とても苦しいものなんだということが分かりました。

大坪　僕も直接番組には関わっていません。先輩たちが作った番組を見て、「引揚」という言葉を初めて知りました。

加々見　では次に、番組作りの中で生まれた疑

◆平成29年度　福岡市立野間中学校放送部
３年生 加々見藍生・古根川ななみ・白石京花・野瀬瑞季・松岡航司。２年生　大坪倭士・近藤沙紀・坂元景多・西谷美咲。（五十音順）

問や課題についてお話ししようと思います。私たちが番組を作っていて疑問に思ったことがあります。それは、なぜ戦後七十年たった今まで「引揚」についてほとんど語り継がれてこなかったのかということ。それから、どうすれば、これからの世代に受け継いでいけるかということです。

野瀬　広島や長崎の原爆のことや、沖縄の地上戦のことは、平和学習の一環で学校で習います。また、修学旅行で実際に現地を訪ねたこともあります。でも、引揚については教科書でもほとんど紹介されず、私たちはほとんど知りません。しかし、引揚の歴史は私たちや次の世代が正しく理解して、語り継いでいかなくてはならない大切な歴史です。正しく知ることは平和を守る一つの方法でもあると思いました。

野瀬　では、最後に、今後私たちにできることについて発表します。

私は今後、この番組を全校生徒に見てもらったり、周りの人に見てもらったりして、少しでも多くの人たちに引揚げについて知ってもらいたいと考えています。また、番組に収録しきれなかった引揚体験者の証言も映像資料としてまとめ、後世まで残したいと思います。そうした取り組みを通して、私自身が引揚について、もっと深く、正しく知って、平和を守っていきたいと思います。

加々見　私は、「引揚げ港・博多を考える集い」が主宰している署名活動などに積極的に参加していこうと思います。また、引揚に関心をもてるような呼びかけを行っていこうと思います。

大坪　毎日行っている校内放送で引揚について紹介し、全校の皆に引揚げについて興味をもってもらうことです。

西谷　図書館や図書室などにある、引揚や戦争に関する本を紹介して、より多くの人に読んでもらうことや、友人や家族など身近な人に伝えていくことができると思います。

白石　まず、私自身が引揚についてもっと理解を深めることです。理解を深める中で学んだことを番組にし、周りの友人や家族に知ってもらおうと思います。

これで発表を終わります。ご静聴いただきありがとうございました。

（拍手）

◆上から映像、撮影、画像担当者

◆展示パネル第Ⅰ～Ⅱ章のコーナー
［写真／平成28年11月２日／撮影：堀田広治］

◆書籍展示閲覧コーナー
［写真／平成28年11月1日／撮影：楠本總幸］

野間中学校放送部 ギャラリートーク後の 意見交換から

コーディネーター「引揚げ港・博多港を考える集い世話人」堀田広治　生徒さん達も言っていたように、引揚の歴史をより多くの人に知ってもらわれなければいけない。そのために自分が何をしなければいけないのかを、きちんと話していただきました。皆さん方からも何かご意見とか、お感じになったことがございましたら、ぜひお聞かせいただきたいと思います。

観客①　はい。私は現在七十一歳。昭和二十年八月二十五日の終戦の直後に外地で生まれました。そして生後六ヵ月で日本に帰ってきました。引揚の記憶はまったくありませんので、中学生の皆さんと同じ考えなんですよね。そういうことで大変感心いたしました。今後の活動もお願いします。

観客②　涙が出ます。言葉が……、言いたいことは考えているんです。でも、嬉しくて嬉しくって、涙が、止まりません。

　私は「奉天」生まれです。葫蘆《コロ》島から引揚げてきました。記憶は何も残っていません。父も母もよっぽど苦しかったんでしょう。私に何も話を残してくれませんでした。だからほとんど何もわからない。私は七十四歳後半で、高校一年生から保育園児まで五人の孫がおりますけれども、この子

◆展示パネル第Ⅴ章のコーナー［写真／平成28年11月２日／撮影：堀田広治］

たちに終戦記念日あたりになると、当時の話もするんです。でも、聞いてくれないんです。「また、じいちゃんが何かいいよるばい。」「もうその話はもう聞き飽きた」って。

私はみなさん方に感謝を申し上げたいんです。自分たちで考えて、自分たちで行動しようとしている。私はこうして涙を流していますけれども、じゃあ、私は何をしているだろうか、何もしていません。引揚展をやっているという新聞記事を見たから、皆さんのお話を聞きにきたと……。「自分はつまらん人間やなぁ」と思いますけれども、皆さん方のすばらしい発想、もう一度このことを皆さん方にお礼を言いたいと思います。ありがとうございました。

観客③　私は、昭和二十一年八月、鹿児島港に引揚げました。母からも当時のことについて、「あまりの恐怖で、もう頭ん中は空っぽ。何もわからないような、そういう状態になって忘れている」って言われてました。

この中に鹿児島港に着かれた方、いらっしゃらないかなと思って新聞を見て参りました。どなたかいらっしゃいましたら…。

「なにが悲しいか」って聞かれますけど、「苦しかった」それだけですね。あとは良かったことが一つ、二つ。ほとんど記憶にないです。帰ってきたときの服装とか、迎えにきてくれた小母たちのことはしっかり覚えているんですけれど。もっと知りたかったんですけども、母も小母たちにも聞

◆ふくふくプラザの資料展「引揚港・博多」
日本と韓国の学生が「集い」のメンバーの解説を聞きながら、引揚の様子やその資料を見学した。
［写真／平成28年８月24日／撮影：堀田広治］

く機会がなくなってしまって、それで今日、新聞を見て、来ました。ありがとうございました。

堀田　もし、鹿児島港あたりからお引揚の方いらっしゃいましたら、探していらっしゃいますので、お申し出ください。

観客④　昨日、テレビで引揚展のニュースを見て、今日とんできました。私は昭和二十一年八月一日に博多港に着きました。生まれは「新京」(現在の長春)です。それから父の仕事の都合でチャンスー(江蘇)に行きまして、その後、疎開で新京に戻り、小学四年生の時に博多に帰ってきました。

博多港沖には、七月二十三日ごろに着いたんですけど、ちょうど腸チフスが流行っていて、一週間上陸できなくて、八月一日に上陸しました。ボロボロの姿で、両親と私と姪っ子四人で帰ってきました。博多駅に着いたら、裸になって頭からDDTをかけられた。博多の婦人会の方がタスキをかけて、おにぎりを作って、みなさんに配って下さったんですよね。それがもう嬉しかったんです。

日韓両国の大学生が一緒に合宿し、学び合う

堀田　実は私どもが、この展示会を取り組むきっかけ、一番大きな目的は、引揚世代の高齢化が進んでいるにも関わらず、引揚の歴史が、きちんと根付いていないといいますか、現代史の中でも、あんまり知られていないんですね。生徒さんがお

◆**講演**　日本と韓国の学生に「集い」のメンバーの山本千恵子が引揚の背景についてお話した。
［写真／平成28年８月24日／撮影：堀田広治］

っしゃっていましたように、そういった中でなんとかして、次の世代の方々に引揚げの歴史をきちんと知っていただくように、こういったことをしようじゃないか、ということで展示会の企画がはじまりました。

この展示会に取り組む中で、若い人たちが頑張っている姿を三つ知ることができました。一つめは、九州大学の〝アジア太平洋カレッジ〟の取り組みです。これは、日本の大学生と韓国の大学生が一緒に合宿をしながら学び合うもので、今後、国際人として育つための人材を育てていこうという目的で行われています。その中で、今年八月に博多港引揚をテーマに取り上げ、私の方の団体に協力の要請がありました。それで、ふくふくプラザの引揚展示場をみてもらって、体験者の話を聞いてもらうということをしました。若い人たちが引揚について初めて触れ、強い関心を持ってもらいました。

◆**講演**
［写真／平成28年８月24日／撮影：堀田広治］

◆第17話「敵来襲、祖父母との別れ・明け方」
足手まといになるということで、祖父母が子や孫に「自分たちは大丈夫だから、先に逃げなさい」と伝えているシーン。

◆第25話「博多港（過去）」
博多港に到着した二人が安堵とともに帰国までのことを思い出す。二日市中学校生徒のバックコーラスに促されるように背景に向かい、帰国の幕は下りる。

もう一つは、野間中学校の放送部の皆さん方の取り組みを知ることができました。

二日市中学校の本格的演劇「帰路」上演

堀田　それからもう一つ、筑紫野市の二日市中学校で八月に平和集会というのをされまして、引揚をテーマにした「帰路」っていう本格的な演劇を上演されたんですね。これも非常に感激いたしました。ちょうど、二日市中学校の稲田泰典校長先生がおいでくださっています。よろしかったら一言お願いします。

（拍手）

稲田校長　野間中学校の皆さま、本当にありがとうございました。皆さんが感じられたように、引揚が何だったのか、中学生たちが知らないということは、福岡に住んでいる者として大変な問題だなー、ということは私も思いました。

私達の学校では毎年、（平和劇を）やっているんですけど、やっぱり皆さんが言ったように、テーマは「原爆」であったり、「沖縄戦」であったり、「空襲」であったりと、アメリカとの関係の中での戦争の出来事を取り上げることが多かったんですね。というのは、はっきりしている部分があるんで、取り扱いやすかったというか。

しかし、大陸での出来事はなかなか扱いにくい。というのも、全体像として本当のところがどうな

◆第26話「博多港（現在）」
やっと引揚げてきた祖国は敗戦の焼け野原で食べるものもなく、皆貧しく、私たちは世話になっている親戚ではやっかい者であった。引揚者にとって「戦争は今でも続いている」と。

◆ＤＶＤ「**帰路**」筑紫野市文化会館で平成28年（2016）８月６日に上演。

のかということがまだまだ分からないからです。

ただ実際、体験されたことはまぎれもない事実ですから、それを語り継いでいかないといけない。

引揚も含めて、戦争を体験された方々はご高齢になられています。ですから実際に直接、お話を聞けるのは、今の中学生が最後の世代になるかもしれない。それを語り継いでいかないといけないという、皆さんたちの感想をとてもうれしく思っています。

我が校の中学生は、地元に二日市保養所があります。二日市保養所の歴史を中学生にどう伝えるか、先生たちも悩んでいます。野間中学校の皆さんの取り組みに心を打たれて勇気づけられています。ありがとうございました。

（拍手）

堀田　では、以上で十一月三日午前の部のギャラリートークを終わります。

（拍手）

［たなかひとみ］

3 二十五年の活動を振り返る

九州アーカイブA号「博多港引揚」第六章の平成四年（一九九二）から平成二十一年（二〇〇九）の記述に、平成二十二年（二〇一〇）から平成二十九年（二〇一七）の活動を追記して掲載します。

引揚港・博多を考える集い世話人
文責◆堀田広治

「引揚げ港・博多を考える集い」の二十五年

博多港に引揚モニュメントの建設を最初に訴えたのは、かつて引揚船の船長の経験を持つ元福岡海上保安部長の糸山泰夫氏（故人）である。糸山氏は、昭和六十二年（一九八七）九月三十日付の西日本新聞のコラム「地域からの提言」に『引揚げ平和記念碑』を」というタイトルで投稿し掲載された。

当時福岡市役所に勤め、「旧博多部の活性化をいかに図るか」をテーマにした職員研修で「博多港に引揚平和記念像の建設」を提言していた私は、福岡県自治体問題研究所の宮下和弘氏の紹介で糸山氏にお会いした。

糸山氏と私は、このままでは博多港が引揚港であったことはやがて忘れ去られてしまう。何としても引揚港であったことを残すモニュメントが必要だ、これは行政の仕事だが行政を動かすには市民の盛り上がりが必要だということで意見が一致した。

翌年五月早良市民センターで「博多港引揚平和記念像の建設を進める集い」を開き二十名が参加した。これが「引揚げ港・博多を考える集い」（以下「集い」）の運動の出発点となる。趣旨に賛同する人はすべて「集い」の会員という緩やかな組織で会則はなく、すべてボランティアで運動が進められた。最初の二年間は月一回の例会で学習会を行い、活動の進め方を協議した。

署名運動と請願書提出

博多港が日本最大の引揚港であったという歴史と合わせて、戦争の悲惨さや平和の尊さを次の世代に引き継ぐため、二十一世紀を展望したまちづくりの重要な一環として、博多港に引揚平和祈念像、資料館建設などの総合的な施策を福岡市に求める署名活動に取り組んだ。

平成四年（一九九二）八月から取り組み一ヵ月余りで一万四千名集め福岡市議会議長に提出した。この時、紹介議員には自民党を除く各会派から三十三名の議員さんに引き受けてもらった。これは議員定数の過半数になる。署名はその後も集まり最終的には二万三千名に達した。

（表１）「引揚げ港・博多を考える集い」例会一覧

回	年　月	内　容
1	1992年５月	博多港引揚の概要（堀田）、糸山泰夫「引揚の話」
2	６月	ビデオ「引揚港博多湾」、山本良健「聖福寮の話」
3	７月	引揚者の体験談（高橋幸江、松崎禅戒）
4	８月	佐世保市引揚平和記念公園視察報告
5	８月	横松　宗「歴史家の目から引揚げ問題を考える」
6	９月	上坪　隆「引揚港・博多に思う」
7	10月	「舞鶴港の引揚記念公園・記念館視察報告」（宮下、柴戸）
8	11月	具島兼三郎「引揚はなぜ起きたか～日中戦争を考える」
9	1993年１月	ビデオ「香椎高校演劇部『ステップ』」、聖福寮跡視察
10	２月	大塚政治「検疫業務に従事して」
11	３月	沖　禎子「福岡県厚生課勤務当時の体験談」
12	５月	武末種元／安川淳「引揚援護活動の思い出」
13	６月	武富登巳男「苔むす友を忘れまじ」
14	７月	木村秀明「引揚問題と記録の大切さ」
15	10月	アニメ映画「お星さまのレール」
16	11月	モニュメント建設場所について協議
17	1994年２月	一連住滋子「満洲からの引揚げ体験談」
18	４月	金　光烈「もうひとつの引揚げを考える」
19	６月	広野益美「引揚船の乗組員をして」
20	10月	藤原正義「私の引揚体験」
21	12月	清水精吾「日本を引揚げる人々」
22	1995年２月	山田典子「引揚援護活動に従事して」
23	４月	高野　潔「日中戦争とアヘン」
24	５月	ビデオ「元二日市保養所勤務医・秦 禎三先生を訪ねて」
25	７月	大原長和「学生同盟の思い出」
26	10月	瀬川負太郎「『引揚文集』に思う」
27	11月	「佐世保港引揚げ50周年の集い」参加報告
28	1996年２月	ビデオ「『集い』の活動の歩み」
29	６月	猪飼隆明「歴史に学ぶアジアと日本」
30	７月	上坪　隆「宮本研“花いちもんめ”に描く女性像」
31	10月	税田啓一郎「平和の塔に隠された史実を追う　―八紘一宇とは何であったか―」
32	1997年３月	原　安治「ドキュメンタリー『大地の子』を語る」
33	５月	村石正子「京城日赤と引揚医療活動」
34	７月	秦　禎三「引揚女性の悲劇と二日市保養所」
35	11月	大辻清次郎・小野逸郎　「平和資料館建設へ向けて―北九州の取り組み―」
36	1998年２月	佐世保引揚げイベントツアー
37	５月	ビデオ「佐世保市引揚げ全国の集い」
38	８月	「引揚を思う（続）証言・二日市保養所」出版報告
39	11月	・山下義雄（金　一坤）「帰国できなかった私の在日53年」 ・森下昭子「ナヌムの家を訪ねて」
40	1999年４月	・堀田広治「韓国はいま　―３年間韓国で学んだこと―」 ・山本千恵子「私が韓国語を学ぶ理由」
41	７月	溝口　節「敗戦のハルピンに生きて」
42	2000年３月	杉目　昇「引揚港博多を起点として」
43	７月	中島芳子「福岡大空襲の語り部の証言」
44	2001年３月	山田哲生「引揚の歴史は教科書にどのように書かれてきたか」
45	12月	・鳥巣京一「歴史的にみた博多港引揚について」 ・高杉志緒「博多港引揚資料の整理を終えて」
46	2002年２月	アニメ「えっちゃんの戦争」
47	2001年10月	西嶋有厚「戦後60年を前に引揚を考える」
48	2006年２月	宗広マツ「見捨てられた旧満州の日本人～　このようにして私たちは日本に生還した」
49	2009年９月	櫻井アサノ「引揚者として思うこと」
50	2012年２月	討論「常設資料館展示とこれから」
51	５月	一人芝居・山田三恵「花いちもんめ」
52	2013年５月	堀田広治「日中韓の新政権はどう動く」

福岡市が「博多港引揚記念碑等検討委員会」を設置

「集い」の請願を受け、福岡市は「博多港引揚記念碑等検討委員会」を平成五年（一九九三）年九月に設置した。検討委員会のメンバーは十四名で「集い」から三名が参加した。委員会は平成五年九月から十二年（二〇〇〇）二月まで十七回の検討を重ね次のような報告書を出して解散した。

①引き続き機会あるごとに引揚関連資料の提供を呼びかけ、収集に努力する。

②博多港周辺の市民の憩う公共施設の一部を活用して、また福岡・博多の歴史を紹介する施設の一部に、引揚資料の展示コーナーを設置する。

③それまでは市内の公共施設で、特別展の企画を行う。

写真展の開催

引揚港・博多を市民に広く知ってもらうため、平成六年（一九九四）八月一日から一週間「新天町プラザ」で「引揚げ港・博多を考える写真展」を開催した。会場には三十六点の写真のほか引揚船「氷川丸」の模型、引揚時に使った手製のリュックサックや鍋、また当時の様子を伝える書籍な

◆博多港引揚記念碑「那の津往還」 背面［平成29年4月22日］

どの資料、引揚逃避行に露命をつないだ野草まで展示し、訪れたた人に強い感銘を与えた。なお一週間の入場者は約二千五百名であった。

福岡市が博多港引揚記念モニュメント「那の津往還」を建設

私たちの強い要望であった引揚記念のモニュメントが、引揚船が接岸した博多港中央ふ頭に完成した。制作者は国際的にも著名な久留米市出身の彫刻家・豊福知徳氏、舟の上に人が立っている形をイメージした作品で「那の津往還」と名付けられた。

平成八年（一九九六）三月二十八日に関係者三千名列席のもとに除幕式が行われた。碑文の内容をどのようにするかについて、福岡市当局と協議し「アジア・太平洋の多くの人々に多大な苦痛を与えた戦争という歴史の教訓に学び」「永久の平和を願って」などが挿入された。

「那の津往還」横に七団体が引揚記念植樹

引揚げモニュメントの完成に合わせて、次の七団体が大島桜を寄贈し、平成九年（一九九七）三月にモニュメントの横に記念植樹を行なった。

①引揚げ港・博多を考える集い

②京城第一公立高等女学校「白楊会」
③羅南高等女学校「葉月会」
④京城女子師範学校「明鏡会」
⑤木浦高等女学校「若葉会」
⑥仁川高等女学校「白楊会」
⑦郡山在住者有志「月明会」

博多港開港百周年「引揚げ港〝はかた〟を偲ぶ集い」への参画

平成十一年（一九九九）に博多港は開港百周年を迎え、「集い」では福岡市が行う百周年の行事に引揚港関連のイベントを取り入れるよう企画書を提出し、次の三つの事業が取り入れられた。

①記念航海

海上保安庁巡視船「ちくぜん」を引揚船に見立てて、当時防疫ラインであった能古島まで博多湾を巡行、六百七十一人の参加者は引揚当時に思いを馳せ、引揚途上息絶えた人々の霊に船上より花束を海面に投げ、黙とうを捧げた。

②記念式典

市民会館を会場に引揚当時の映像上映、中国胡弓の演奏などに続き、作家の澤地久枝氏が「焦土の博多への第一歩から」と題して記念講演、千六百人の参加者は当時をしのび、今の平和とありがたさをかみしめて聞き入った。

③引揚資料展

博多港博多埠頭のベイサイドプレイス二階の「ベイサイドホール」で十一月二日から十日間に亘って開催し、約三千四百名が訪れた。展示内容は引揚資料約二百点、図表パネル十五点、写真パネル六十点など。

博多港引揚者懇親会の開催

「引揚げ港〝はかた〟を偲ぶ集い」に全国から参加した人たちに呼びかけ、「集い」の主催で十一月二日にホテルオータニで「博多港引揚者懇親会」を開催した。「集い」が作成した活動の紹介のビデオ上映、アトラクションで中国の胡弓演奏、朝鮮のサムルノリ、博多にわかなどを楽しんだ。最後に引揚孤児で聖福寮に入所していた新潟在住の遠藤美都子さんが、当時の体験を語り「戦争だけは決してしてはならない」と訴え、参加者全員が心を一つにして散会した。

「集い」では、参加者から寄せてもらったアンケート・感想を取りまとめた冊子「博多港よ」を作成し参加者全員に送付した。

福岡市の「引揚資料展」（四回）への協力

福岡市は「博多港引揚記念碑等検討委員会」の答申を受け、引揚資料の常設展示場ができるまで三年に一度、引揚資料の展示会を開催した。博多港開港百周年の第一回展示会に引き続き、第二回目は平成十四年（二〇〇二）に八月一日から一カ月間、第三回目は平成十八年（二〇〇六）三月十七日から二週間、第四回目は平成二十一年（二〇〇九）二月十七日からほぼ一ヵ月間にかけ開催された。第二回目以降の会場は福岡市総合図書館一階のギャラリーと通路が会場となった。

「集い」では、毎回世話人を中心にボランティアで来館者への説明をしてきたが、高齢化が進む中で、ボランティアに参加できる会員も次第に少なくなり、最後の四回目には九名に留まった。

二日市での水子地蔵供養祭への参加

敗戦直後、博多港に引揚げた人の中には引揚の途上で親を失った引揚孤児や必死の逃避行の中でソ連兵などに暴行され、妊娠させられたり性病にかかったりした女性もいた。このような女性たちをひそかに調査し、愛国婦人会の保養所であった二日市保

◆水子地蔵供養祭

◆水子地蔵祠の祠と「仁」の石碑

養所で妊娠中絶や性病治療の処置をした。当時妊娠中絶は法律で禁止されており、職を賭してこれを行ったのは元京城帝国大学医学部の関係者たちである。わずか一年半ほどの期間だったが、手当てを受けた女性たちの数は四百名を超えた。

このことを知り感動した児島敬三氏（当時・福岡県立修猷館高校教師）は昭和五十六年（一九八一年）、現在特別養護老人ホーム「むさし苑」になっている旧二日市保養所跡に「仁」の一文字が彫られた碑を建立した。その翌年碑の横に、小さな祠がつくられ水子地蔵が安置された。以来毎年五月十四日に水子地蔵供養祭がおこなわれており、これは「集い」主催の行事ではないが、毎年世話人中心に参加している。

山田三恵さんの一人芝居「花いちもんめ」公演

引揚げモニュメント「那の津往還」の完成を記念して平成八年（一九九六）九月に山田三恵さんの一人芝居「花いちもんめ」（宮本研・作）を上演した。この芝居は娘を中国に残し、旧「満洲」から引揚げた母親を主人公にしたドラマである。中央市民センターで二回上演され延べ千人以上が鑑賞した。

福岡市が常設展示場「引揚港・博多」開設

長年の悲願であった引揚資料の常設展示場が平成二十三年（二〇一一）十一月、ここ市民プラザ一階のホール横にオープンした。市民が寄贈した引揚資料約二千六百点のうち、引揚の際に使った腕章やリュックなど約百点が展示された。

出版事業

この二十四年間に次のような書籍、資料を出版した。

①『戦後五十年　引揚げを憶う～アジアの友好と平和を求めて』平成七年（一九九五）五月、再版平成十一年（一九九九）三月

②『花いちもんめ　参集者の記録』平成八年（一九九六）十二月

③『戦後五十年　引揚げを憶う（続）～証言・二日市保養所』平成十年（一九九八）七月

④写真集『米軍が写した終戦直後の福岡県』平成十一年（一九九九）十一月

⑤『博多港よー「博多港引揚げ懇親会」アンケート集』平成十二年（二〇〇〇）七月

⑥写真集『九州アーカイブズA／博多港引揚』平成二十三年（二〇一一）十二月

◆『米軍が写した終戦直後の福岡県』

◆『九州アーカイブズA／博多港引揚』

・会報「引揚げ港・博多湾」の発行

平成四年（一九九二）七月から現在平成二十八年（二〇一六）末までの間に七十二号まで発行した。

［ほりたひろじ］

（表２）機関紙「引揚げ港・博多湾」発行一覧

号	発行日	記　事
1	1992年７月６日	平和祈念像建立の願い広がる／引揚者の医療援護に貢献
2	７月26日	市議会への請願署名への取り組み決まる／佐世保港の引揚記念公園を視察
3	８月11日	市議会への請願署名９月８日に第１次集約
4	９月１日	佐世保浦頭引揚げ平和公園バスツアーに36名参加
5	９月24日	市議会へ１万４千名の請願書を提出／博多港見学会開く
6	10月６日	中国にみる戦争記録の保存
7	11月17日	舞鶴港の引揚記念講演、記念会館／香椎高生が引揚げをテーマに創作劇
8	1993年１月10日	具島講演「引揚げはなぜ起きたか」／請願署名追加３千名分提出
9	２月９日	歴史を風化させない高校生の取り組み／今月12日市議会委員会で請願審査
10	３月９日	引揚げ記念館建設は未定、市議会民生局
11	４月12日	引揚げ関係の資料リスト作成進む
12	５月22日	47年前、博多港から139万人が引揚げた
13	７月５日	少女の引揚体験がアニメ映画に／戦争資料館を主宰する武富さんに聞く
14	９月25日	「引揚記念碑等検討委員会」が発足～糸山、石賀さんら委員に就任
15	11月７日	「引揚記念館」の建設も提言へ～「検討委員会」で実質審議始まる
16	1994年１月18日	モニュメント、資料館の建設で意見続出／呼びかけ人の山本先生永眠
17	３月21日	例会報告「もうひとつの『引揚げ』を考える」（金光烈）
18	６月13日	「引揚げ港・博多を考える写真展」開催
19	７月11日	引揚げ港・博多を写真で再現／「引揚げ港・博多を考える文集」の原稿募集
20	９月20日	「引揚げの歴史を伝えることは重要だ」写真展に２千５百名来場
21	11月29日	来年度引揚げモニュメント建設へ～「検討委員会」が市長に答申
22	1995年１月31日	引揚げの歴史を語り継ぎましょう～「文集」の取り組み進む
23	４月８日	今秋の完成目指し取り組み進む～「選考委員会」で彫刻家決定
24	５月15日	「戦後50年 引揚げを憶う」を刊行
25	７月17日	引揚げ文集の反響、全国に広がる／引揚げモニュメントのデザイン決まる
26	９月25日	「引揚げを憶う」は友好と平和を願う文集
27	11月６日	引揚船模型２隻、寄贈の申し入れ受ける／佐世保で引揚船入港50周年記念公演
28	1996年２月10日	「那の津往還」まもなく完成、建設趣旨活かす碑文要請
29	３月28日	「那の津往還」完成、「引揚げモニュメントを」の願い実現
30	５月15日	「那の津往還」除幕に300人集う
31	７月１日	例会報告「歴史に学ぶアジアと日本」（猪飼隆明）
32	８月28日	「花いちもんめ」の魅力
33	1997年１月９日	すごい感動呼んだ「花いちもんめ」
34	５月12日	引揚記念樹を植樹
35	６月30日	例会報告「京城日赤と引揚医療」（村石正子）／植樹カンパ報告
36	10月30日	秦禎三先生を囲んで懇親会
37	1998年１月29日	小倉の平和資料館建設運動を聞く
38	４月21日	「引揚げ港佐世保を偲ぶ」全国の集いに参加
39	７月15日	「引揚げ港佐世保を偲ぶ」全国の集い
40	10月27日	・「戦後50年引揚げを憶う　証言・二日市保養所」出版報告 ・「引揚げ港“はかた”を偲ぶ集い」の取り組み
41	1999年３月	例会報告「帰国できなかった私の在日53年」（山下義雄〈金一坤〉）
42	７月10日	11月に「引揚げ港“はかた”を偲ぶ集い」開催～博多港開港100周年記念
43	10月25日	11月２日に「引揚者懇談会」開催
44	2000年２月23日	・「検討委員会」最終報告とりまとめ開催 ・「引揚げ港“はかた”を偲ぶ集い」に延べ６千人集う
45	６月20日	「引揚資料を常時閲覧できる方策の検討を」検討委員会が最終報告書で提言
46	2001年２月20日	引揚資料のマイクロフィルム化作業進む
47	11月20日	・マイクロフィルムでの閲覧化進む（福岡市総合図書館） ・坂本雅子助役「閲覧の場所、これからも検討していく」
48	2002年２月５日	歴史の証人・秦禎三さん、不帰の人に
49	2004年10月15日	多様な引揚の歴史を伝える取り組み
50	11月15日	例会で西嶋有厚福大名誉教授が講演「日米安保やめ、九条活かそう」
51	2006年１月25日	引揚資料の常設展示について請願書提出
52	2007年９月１日	引揚資料の常設展示、進展見られず
53	2008年10月15日	「会のホームページを開設します」／引揚資料展、来月２月開設予定
54	2009年２月１日	２月17日から総合図書館で引揚資料展開く／例会「ホームページを見ましょう」／二代目おおしま桜、順調に生育
55	８月20日	「会のホームページができました」／志免町で「博多港引揚写真展」／例会「引揚者として想うこと」
56	2010年９月１日	９月18日「引揚シンポジウム」開催（於：九州大学）
57	2011年８月10日	引揚資料の常設展示、この秋開設予定／「写真集『博多港引揚』九州アーカイブズＡ」の発刊のお知らせ
58	11月10日	引揚資料の常設展示、11月23日オープン
59	2012年２月１日	常設展示場「引揚港・博多」が昨年11月オープン
60	５月10日	「花いちもんめ」上演決まる
61	７月15日	感動呼び起こした「花いちもんめ」／「心の底まで響きました」多々良中・平和学習で「引揚げ体験談」
62	2012年11月10日	「引揚げ港・博多を考える集い」結成20周年／パネル展「後世に伝えたい～引揚港博多」開催
63	2013年５月１日	５月14日に「水子地蔵祭」開催／時局講演「日中韓の新政権はどう動く」
64	12月20日	博多港引揚げの歴史を市政に位置づけを～福岡市に要望書
65	2014年７月１日	水子供養祭にまつわる悲惨な史実
66	2015年１月10日	ポートタワーの「那の津往還」説明文決まる
67	５月１日	ポートタワーに「那の津往還」説明文設置実現
68	８月15日	引揚げの歴史を次世代に引き継ぐために～福岡市に要望書提出
69	10月25日	展示物の入れ替えは今後の課題として検討
70	2016年８月20日	博多港引揚展示会と市議会への請願署名　取り組み決める
71	12月18日	博多港引揚展示会、盛況裡に終わる／引揚について発表する中学生に涙する体験者も
72	12月26日	引揚港博多に関する請願書提出／「引揚展示会記録集『あれから七十年』九州アーカイブズＢ」の発刊のお知らせ

糸山泰夫
大正２年生～平成21年没

石賀信子
大正６年生～

山本良健
明治45年生～平成５年没

秦　禎三
明治45年生～平成13年没

村石正子
大正15年生～平成25年没

山田三恵
昭和７年生～

森下和子
昭和７年生～

◆引揚船の窓から日本本土を想う（部分）
［昭和20年／撮影：三宅一美］

あとがき

◆引揚者ではありませんが、引揚の史実を歴史の闇に埋没させてはいけないとの一念から「引揚げ港・博多を考える集い」の活動に関わってきました。おそらく本誌は「引揚者」の声を伝える最後の機会になると思います。未来への警告として見ていただければありがたいです。

堀田広治

◆敗戦による引揚の記憶が、人々の脳裡から消えつつある今、五年前に出版した写真集A版『博多港引揚』に続いて、今回B版『あれから七十年』を発刊。歴史を語り継ぐ一環としての仕事に参加、取り組めたことを幸せに思う。また、お忙しい中、ご協力をいただいた高杉志緒様、図書出版のぶ工房様に深く御礼申し上げるとともに、この写真集が多くの方々に見て、読んで頂けることを願いつつ、今、老体は心地よい疲労感を覚えています。

熊谷佳子

◆「平和」は常に社会を、為政者を、見張っていなければ持続できない。そのためには過去の戦争を知ることだ。私はそう思って後に続く若い人達に、わずかな自分の体験でも知らせたいのです。どうか役立ちますように。

松崎直子

◆今回の催しは、実現できた事自体が奇跡的でした。しかも若い力の参加。大きな反響。そして記録集の完成！　これは意欲と能力に満ちたスタッフなればこその賜物で、体の不調で迷惑をかけた私は、唯ただ感謝あるのみです。必ずや、更に大きい反響があると信じます。

山本千恵子

◆引揚の悲惨な歴史を伝える仲間に参加させて頂き、色々な勉強と経験をさせて頂きました。戦争の悲惨を残すべき役目を果たす側……その思いを「私達が担う」と平和宣言してくださった中学生の皆さんとの出会い……沢山の感動を頂きました。戦争もテロも無い平和な日々が訪れます事を祈る日々です。

倉地弘子

◆「集い」世話人会の緒先輩の方々、若者達、壱岐市の川谷千鶴子氏『徒然』の引揚体験の自分史手記に出会い、感動驚愕致しました。私は生後六ヵ月で引揚げ、当時の記憶はございませんが、戦後の幼き頃の尋常ではない貧困と苦難の日々の暮らしは、はっきりと記憶に残り、拭い去ることはできません。平和な日本、戦争のない世界を後世に伝え継ぎ、あれから七十年、博多引揚を考える出版に心から感謝申し上げます。

江上邦一

◆前回、平成二十三年出版の『博多港引揚』に続き、今回『あれから七十年』が発刊となり、本の作成に係わることで多くのことを学ばせていただきました。二冊の本は、当時、子どもだった方々の記憶や思い、また貴重な写真が掲載されております。時代の大きな渦に巻き込まれた私たち市民の記録です。二度と戦争を起こさせないために、多くの方々に読んでいただきたいと思っております。

盛多芳子

◆生徒の曾祖母（故人）が引揚者だったことから始まった番組作り。その記録や記憶はほとんど残されていませんでした。それはなぜか？　体験者の証言から、今まで知らなかった歴史の真実を知り、平和への意識を高めることができました。皆様に感謝申し上げます。

田中仁美

◆この記録集を往時の引揚者・引揚援護者・日本帰国が叶わなかった人々、皆様に捧げます。四回目の福岡市「博多港引揚資料展」で「私達に戦後八十年はないと思います」とおっしゃった森下昭子様の眼差しが想い出されます。末尾で恐縮ですが、編集等にご尽力下さった遠藤薫様、展示に全回御来場で英訳下さったDavid Kalischer様に記して謝意を表します。

高杉志緒

［英訳文の頒布につきまして］

本文につきましては、別途、英文訳の小冊子を作成します。御希望の方は四百円分の切手を同封の上、左記「図書出版のぶ工房」まで、お申込みください。デビット・キャリシャー氏の、ご協力により平成三十年（二〇一八）に発刊します。

［九州アーカイブズ］B
あれから七十年

初版発行　平成二十九年（二〇一七）八月十五日

著者／展示会場に御来場の皆さん
引揚げ港・博多を考える集い
監修・著者／高杉志緒
発行人／遠藤順子
発行所／図書出版のぶ工房
〒八一〇―〇〇三三
福岡市中央区小笹一―一五―一〇―三〇一
電話　〇九二―五三一―六三五三
ファックス　〇九二―五二四―一六六六
印刷／モリモト印刷株式会社

ISBN 978-4-901346-31-3 C0321 ¥2200E